영혼을 살리는 설교 1

말씀과 기도와 전도

KB206013

목차

사람의 몸은 생명을 유지하기 위하여 두 가지가 기본적으로 필요하다. 그것은 음식과 산소이다. 인간의 몸은 음식을 삼십 일 정도 섭취하지 않으면 죽는다. 산소는 삼 분 간만 공급되지 않으면 죽는다.

동일한 원리가 인간의 영혼에도 적용된다. 인간의 영혼도 음식과 산소가 필요하며 이것이 공급되지 않으면 그 영혼은 죽게 된다. 하나님의 말씀은 영혼의 양식이다. 기도는 영혼의 호흡이다. 하나님의 말씀을 주야로 묵상하고 기도를 쉬지 않아야 하는 것은 마치 육체가 주야로 음식을 먹어야 하고 쉬지 않고 숨을 쉬어야 하는 원리와 같다.

살아 있는 영혼이 가는 곳이 천국이고 죽어 있는 영혼이 가는 곳이 지옥이다. 그러므로 신앙 생활의 가장 기본적이고 중요한 요소가 영혼을 살아 있게 하는 말씀과 기도이다. 즉 구원의 양 날개가 말씀과 기도인 것이다. 말씀이 오른편 날개라면 기도는 왼편 날개이다.

이 두 날개는 하늘 높이 날 수 있을 만큼 커야 한다. 천국에 다다를 수 있게 하는 강한 날개이어야 한다. 그러기 위하여는 말씀과 기도가 충분해야 한다. 그 양과 질이 모두 충실해야 한다. 이는 마치 영양가 있는 음식과 맑은 공기를 충분히 먹고 마셔야 육체가 건강한 것과 같다.

작은 날개를 가진 참새는 지붕 위에까지 날 수 있다. 큰 날개를 가진 독수리는 높은 산 꼭대기까지 날 수 있다. 천국을 향하는 자들은 독수리 날개 같은 말씀과 기도의 양 날개를 가져야 한다. 그러나 독수리가 아무리 크고 강한 날개를 가졌더라도 날지 않고 둥지 안에만 있으면 그 날개는 소용이 없다.

말씀과 기도에는 열심인데 전도를 하지 않는 사람이 있다. 이러한 사람은 큰 날개를 가지고도 날지 않는 독수리와 같다. 믿는 자들은 말씀과 기도로 먼저 무장해야 한다. 그리고 전도해야 한다. 그렇지 않으면 말씀과 기도의 양 날개가 소용이 없다.

말씀과 기도는 나의 영혼을 구원한다. 말씀과 기도는 다른 영혼들을 주께로 인도하는 전도의 능력을 더해준다. 말씀과 기도와 전도는 영혼 구원의 핵심이며 믿음 생활의 삼위일체이다.

이 책은 자고 있는 영혼들을 깨울 것이다. 죽어 있는 영혼들을 살릴 것이다. 이 책을 읽는 독자들은 더 이상 말씀과 기도와 전도에 미지근한 채로 남아있지 못할 것이다. 구원의 양 날개로 독수리처럼 힘차게 날아오를 것이다.

I
말씀과 기도

1
영혼과 육체를 찔러 쪼개는
하나님의 말씀

"하나님의 말씀은 살아 있고 활력이 있어 좌우에 날선 어떤 검보다도 예리하여 혼과 영과 및 관절과 골수를 찔러 쪼개기까지 하며 또 마음의 생각과 뜻을 판단하나니" (히브리서 4:12).

　나는 하나님의 말씀으로 나의 온 몸과 영혼이 쪼개지고 부서지고 불에 타버린 듯한 경험을 한적이 있습니다. 이러한 나의 경험에 대하여 잠시 나누겠습니다. 오래 전 부흥회 때 경험한 것인데 그 때 나는 성령을 받았습니다. 그 당시를 기억하며 써 놓은 글은 이렇습니다.

　어느 날 갑자기 구하지도 않은 하나님의 성령이 나에게 불같이 내려왔습니다. 그것은 급하고 강한 바람처럼, 쓰나미처럼 밀려와 나의 육체와 심령을 찔러 쪼갰습니다. 온 몸이 심히 떨렸고 울부짖으며 기도하게 하였습니다. 마땅히 죄로 죽어야 한다고, 죽게 해달라고 간절히 애원하였습니다.

　대속을 깨닫게 하는 성령의 역사가 그날 나에게 임하였습니다. 목은 쉬었고 온 몸은 타버린 재처럼 되었습니다. 그러나 내가 죽으려 했을 때 오히려 살아났습니다. 새롭게 태어났습니다. 새로운 피조물이 된 것입니다. 그것은 하나님의 계획이었고 은혜였습니다.

이것은 나의 간증문의 일부입니다. 이러한 사건이 일어난 것은 부흥회 때 부흥 강사의 설교, 즉 하나님의 말씀을 들을 때였습니다. 말씀을 듣고 은혜를 받아 회개의 기도를 하였습니다. 이 때에 오랫동안 고생하던 디스크도 치료되었습니다. 영혼과 육체가 동시에 나음을 입은 것입니다. 그 후로 본문 말씀인 히브리서 4장 12절은 항상 문자 그대로 나에게 살아 움직였고 내가 강하게 붙잡는 말씀 중의 하나가 되었습니다.

다음은 하나님의 말씀의 능력을 체험했던 어떤 사람의 경험을 나누겠습니다. 이 사람은 불교 신자였습니다. 불경을 외우고 가르칠 정도로 독실한 불교 신자였습니다. 이 사람은 부인의 권유로 교회를 다니기 시작하였습니다.

교회에 출석하기 시작한지 일년 정도 후의 어느 날 성경을 읽는 중에 성경에 적힌 글자들이 움직이는 것을 보았다고 합니다. 그러던 중이 사람은 갑자기 크게 울며 회개하는 경험을 하였습니다. 그 후로이 사람은 만나는 사람마다 전도하는 뜨거운 그리스도인이 되었습니다.

이 사람은 성경을 읽다가 성령을 받은 것입니다. 이 사람은 문자 그대로 성경에 적힌 하나님의 말씀이 살아 움직이는 경험을 하였습니다. 이처럼 하나님의 말씀은 한 순간에 사람을 완전히 변하게 할 정도로 강력합니다. 이렇게 강한 능력의 말씀은 특별한 부흥 강사의 입을 통하여만 들을 수 있는 것이 아닙니다. 한 때 불교 신자였던 이 사람처럼 특별한 사람만 경험하는 것도 아닙니다.

여러분은 매일 이러한 생명을 살리는 말씀을 접할 수 있습니다. 성경을 읽으면 됩니다. 하나님의 말씀을 주야로 묵상하면 이러한 경험을 할 수 있습니다. 질병이 치료되고 성령을 받을 수 있습니다.

지금까지는 하나님의 말씀을 능력으로 체험한 이야기를 두 사람의 예를 들어 살펴보았습니다. 이제는 성경이 가르치는 하나님의 말씀의 능력에 대하여 나누겠습니다.

첫째, 하나님은 말씀으로 천지를 창조하였습니다. 창세기 1장 3절에는 "하나님이 이르시되 빛이 있으라 하시니 빛이 있었고"라고 말씀합니다. 창세기 1장 9절은 "하나님이 이르시되 천하의 물이 한 곳으로 모이고 뭍이 드러나라 하시니 그대로 되니라"고 말씀합니다.

하나님은 천지를 창조할 때 물리학이나 지학의 복잡한 공식을 사용하지 않았습니다. 수학이나 화학을 이용하지도 않았습니다. 오직 말씀으로 명령하여 천지를 창조 하였습니다.

둘째, 하나님의 말씀은 지으신 만물을 붙들고 있습니다. 히브리서 1장 3절을 보겠습니다.

"이는 하나님의 영광의 광채시요 그 본체의 형상이시라 그의 능력의 말씀으로 만물을 붙드시며 죄를 정결하게 하는 일을 하시고 높은 곳에 계신 지극히 크신 이의 우편에 앉으셨느니라" (히 1:3).

과학은 전자와 양자, 만유인력의 법칙 등으로 물체가 흩어지지 않는 원리를 설명합니다. 그러나 그 비밀은 하나님의 말씀에 있습니다. 별이 떨어지지 않는 것, 바닷물이 육지로 넘어오지 않는 것, 사람이 공중으로 올라가지 않는 것, 물체가 부서지거나 해체되지 않는 이유는 하나님이 말씀으로 붙잡고 있기 때문입니다. 이러한 하나님의 말씀의 능력이 없다면 온 세상은 매우 혼란하게 될 것입니다.

셋째, 하나님의 말씀은 살아 움직이며 육체와 영혼을 치유합니다. 이것에 대하여는 나의 간증을 통하여 이미 설명하였습니다.

넷째, 하나님의 말씀은 구원에 이르는 지혜를 알려줍니다. 디모데후서 3장 15절을 보겠습니다.

"또 어려 서부터 성경을 알았나니 성경은 능히 너로 하여금 그리스도 예수 안에 있는 믿음으로 말미암아 구원에 이르는 지혜가 있게 하느니라"(딤후 3:15).

사람들이 구원받는 것이 하나님이 제일 기뻐하는 것이며 사람들에게도 가장 행복한 일입니다. 그런데 성경에 구원의 방법이 쓰여 있습니다. 성경을 모르면 구원받는 법을 모르는 것입니다. 그러므로 성경 말씀이 여러분에게 얼마나 소중한 것이며 잘 알아야 하는 것인지는 구원이 얼마나 소중한지와 같은 것입니다.

이상으로 하나님의 말씀에 큰 능력이 있다는 사실과 그 능력이 언제든지 누구에게 이든지 임할 수 있음에 대하여 나누었습니다. 이제는 성경 말씀을 가까이할 때 인간에게 어떤 복과 유익이 있는 지와 성경을 읽지 않는 삶을 살 때 인간이 어떻게 불행과 화를 당하며 궁극에는 멸망할 수밖에 없는지에 대하여 살펴보겠습니다.

먼저 성경을 읽을 때 누릴 수 있는 유익에 대하여 나누겠습니다. 가장 큰 유익 두 가지는 영혼의 구원과 육체의 구원입니다. 본문 말씀이 그것을 매우 생동감 있게 표현합니다.

"하나님의 말씀은 살아 있고 활력이 있어 좌우에 날선 어떤 검보다도 예리하여 혼과 영과 및 관절과 골수를 찔러 쪼개기까지 하며 또 마음의 생각과 뜻을 판단하나니" (히 4:12).

혼과 영을 찔러 쪼갠다는 말은 영혼을 변화시켜 구원하는 것입니다. 관절과 골수를 찔러 쪼개는 것은 육체를 치료하여 구원하는 것입니다.

세 번째 유익은 복을 받는 것입니다. 어떤 복을 받는지 시편 1장 1절에서 3절까지를 보겠습니다.

"복 있는 사람은 악인들의 꾀를 따르지 아니하며 죄인들의 길에 서지 아니하며 오만한 자들의 자리에 앉지 아니하고" "오직 여호와의 율법을 즐거워하여 그의 율법을 주야로 묵상하는 도다" "그는 시냇가에 심은 나무가 철을 따라 열매를 맺으며 그 잎사귀가 마르지 아니함 같으니 그가 하는 모든 일이 다 형통하리로다" (시 1:1-3).

복 있는 사람은 하나님의 율법을 주야로 묵상합니다. 성경을 많이 읽고 그대로 행하려고 생각하는 사람이 복 있는 사람입니다. 그 복의 종류가 네 가지입니다.

첫째, 악인의 꾀를 따르지 않습니다. 둘째, 죄인들의 길에 서지 않습니다. 셋째, 오만한 자들의 자리에 앉지 않습니다. 넷째, 하는 모든 일이 형통합니다. 이 네 가지의 복은 크게 두 가지로 나눌 수 있습니다.

처음 세 가지는 하나님 앞에 죄를 짓지 않는 것입니다. 악인의 꾀를 따르는 것은 타락한 삶을 사는 것입니다. 죄인의 길에 들어서는 것은 범죄하는 것입니다. 오만한 자들의 자리에 앉는 것은 교만한 것입니다. 하나님은 이 세 가지를 가장 싫어 하는데 성경을 읽는 사람들은 이런 일을 하지 않게 됩니다.

다른 한 가지는 만사가 형통하게 되는 것입니다. 시편 1장 3절에서 주목할 것은 "그가 하는 모든 일이 다 형통하다"는 부분입니다. 그가 하는 일의 어떤 일도 아니고 부분적인 일도 아닙니다. 형통하지 않은 일이 전혀 없다는 것입니다.

다시 말하면 삶 자체가 구원받는 것입니다. 살면서 이것 보다 더 큰 복이 없을 것입니다. 하나님 앞에 범죄하지 않고 하는 모든 일이 형통한 만큼 큰 복이 없습니다. 성경을 읽고 묵상하는 사람들은 하나님이 땅에서 미리 천국을 살게 하는 것입니다.

복을 받기 위하여 성경을 읽으라는 말씀은 성경의 마지막 책인 요한계시록에서도 볼 수 있습니다. 요한계시록 1장 3절을 보겠습니다.

"이 예언의 말씀을 읽는 자와 듣는 자와 그 가운데 기록된 것을 지키는 자는 복이 있나니 때가 가까움이라"(계 1:3).

이처럼 하나님은 여러분이 성경을 읽으면 복을 받을 것이라는 것을 성경 전반을 통하여 여러차례 말씀합니다. 그러한 복을 다시 한 번 정리하면 크게 세 가지입니다. 첫째, 영혼이 구원받습니다. 둘째, 육체가 구원받습니다. 셋째, 삶이 구원받습니다.

그렇다면 성경 말씀을 주야로 묵상하라는 말은 무슨 뜻일까요? 아침과 저녁 두 번 한 장씩 읽으라는 뜻일까요? 성경을 어떻게 읽으라고 하는지 신명기 11장 18절에서 20절까지를 보겠습니다.

> "이러므로 너희는 나의 이 말을 너희의 마음과 뜻에 두고 또 그것을 너희의 손목에 매어 기호를 삼고 너희 미간에 붙여 표를 삼으며" "또 그것을 너희의 자녀에게 가르치며 집에 앉아 있을 때에든지, 길을 갈 때에든지, 누워 있을 때에든지, 일어날 때에든지 이 말씀을 강론하고" "또 네 집 문 설주와 바깥 문에 기록하라" (신 11:18-20).

이 말씀을 여러분의 현재 삶에 대입하면 성경을 책상에도 두고, 침대에도 두라는 것입니다. 거실에도 두고 부엌에도 두라는 것입니다. 차 안에도 두고 일터에도 두라는 것입니다. 주머니나 핸드백에도 갖고 다니라는 것입니다. 그리하여 항상 말씀을 읽으라는 뜻입니다.

말씀으로 항상 자녀를 가르치라는 뜻입니다. 낮이고 밤이고 틈만 나면 성경을 읽으라는 것입니다. 성경에는 하루에 성경 말씀을 몇시간 읽어야 하는지, 어른은 얼마나 읽어야 하고 아이는 몇 시간 읽어야 하는지, 성경을 일 년에 몇 번을 읽어야 복을 받는지에 대하여는 직접 언급하지 않았습니다.

그러나 논리적인 사고를 할 수 있다면 우리의 삶 속에서 그 답을

추론해 볼 수 있습니다. 마태복음 18장 8절의 말씀을 보겠습니다.

"만일 네 손이나 네 발이 너를 범죄하게 하거든 찍어 내버리라 장애인이
나 다리 저는 자로 영생에 들어가는 것이 두 손과 두 발을 가지고 영원한
불에 던져지는 것보다 나으니라" (마 18:8).

이 말씀 안에는 사람의 영혼이 육체보다 더 중요하다는 뜻이 있
습니다. 그렇다면 여러분은 더 중요한 영혼의 양식을 먹는데 시간을
더 많이 사용해야 하겠습니까? 덜 중요한 육의 양식을 먹는데 시간
을 더 많이 사용해야 하겠습니까? 여러분의 식사 시간을 생각해보십
시오. 하루에 두 시간은 사용할 것입니다. 그렇다면 성경을 읽는 시
간이 두 시간 이상이어야 합니다. 이것은 논리적인 권면입니다.
다음은 여러분이 성경을 주야로 묵상하지 않을 때 발생하는 화와
불행에 대하여 나누겠습니다. 시편 1장 4절은 성경을 주야로 묵상하
지 않는 사람을 악인이라고 말씀합니다.

"악인들은 그렇지 아니함이요 오직 바람에 나는 겨와 같도다" (시 1:4).

여기서 "그렇지 아니함이요"는 말씀을 주야로 묵상하지 않는다는
것입니다. 즉 성경을 열심히 읽지 않는 사람은 악인이라는 것입니다.
이러한 악인은 망한다고 시편 1장 6절은 말씀합니다.

"무릇 의인들의 길은 여호와께서 인정하시나 악인들의 길은 망하리로다"

(시 1:6).

시편 1편은 여섯 절 밖에 안되는 짧은 구절이지만 하나님의 말씀을 묵상하는 사람들의 행복과 그렇지 않은 사람들의 불행을 잘 대비시켜 보여줍니다. 천국과 지옥이 대비되듯 보여줍니다.

이번에는 하나님의 말씀을 읽지 않아 망한 성경의 한 인물에 대하여 나누겠습니다. 이 사람은 가문도 좋고 한때는 믿음도 매우 좋았습니다. 하나님으로부터 사랑을 많이 받아 부와 권세를 누렸습니다. 그는 성경의 저자이기도 합니다. 그는 최초로 성전을 지어 하나님께 봉헌한 인물입니다. 그의 이름은 솔로몬입니다.

이처럼 큰 복과 하나님의 사랑을 누리던 인물이 결국 멸망하게 된 이유가 바로 성경 말씀을 읽지 않았기 때문인 것을 설명하겠습니다. 그가 구원받지 못한 것을 보여주는 성경 구절을 보겠습니다. 열왕기상 11장 4절에서 10절까지를 보겠습니다.

"솔로몬의 나이가 많을 때에 그의 여인들이 그의 마음을 돌려 다른 신들을 따르게 하였으므로 왕의 마음이 그의 아버지 다윗의 마음과 같지 아니하여 그의 하나님 여호와 앞에 온전하지 못하였으니" "이는 시돈 사람의 여신 아스다롯을 따르고 암몬 사람의 가증한 밀곰을 따름이라" "솔로몬이 여호와의 눈앞에서 악을 행하여 그의 아버지 다윗이 여호와를 온전히 따름 같이 따르지 아니하고" "모압의 가증한 그모스를 위하여 예루살렘 앞 산에 산당을 지었고 또 암몬 자손의 가증한 몰록을 위하여 그와 같이 하였으며" "그가 또 그의 이방 여인들을 위하여 다 그와 같이 한지라 그들이 자기의 신들에게 분향하며 제사하였더라""솔로몬이 마음을 돌려 이스라엘의 하나님 여호와를 떠나므로 여호와께서 그에게 진노하시니라 여호와께서 일찍이 두 번이나 그에게 나타나시고""이 일에 대하여 명령하사 다른 신을 따르지 말라 하셨으나 그가 여호와의 명령을 지키지 않았으므로" (왕상 11:4-10).

솔로몬은 나이가 들어 다른 신을 섬겼는데 유명한 이방신은 모두 섬겼습니다. 솔로몬이 더욱 패역한 것은 그의 아들을 불에 지나가게 하는 제사까지 하였다는 것입니다. 몰록에게 제사한 것은 살아 있는 아이를 불에 태워 죽이는 제사입니다. 하나님의 진노를 상상할 수 있을 것입니다.

다른 신을 섬기고도 구원받을 자는 아무도 없습니다. 그렇다면 솔로몬이 이렇게 변질된 원인이 무엇인지 살펴보겠습니다. 보통은 부인을 많이 두어 영안이 어두워 그렇게 되었다고 말합니다. 그러나 여기서 다루려는 것은 아내를 많이 두게 된 원인을 찾는 것입니다. 신명기 17장 16절에서 19절에는 왕들에게 주신 하나님의 율법이 있습니다.

"그는 병마를 많이 두지 말 것이요 병마를 많이 얻으려고 그 백성을 애굽으로 돌아가게 하지 말 것이니 이는 여호와께서 너희에게 이르시기를 너희가 이 후에는 그 길로 다시 돌아가지 말 것이라 하셨음이며""그에게 아내를 많이 두어 그의 마음이 미혹되게 하지 말 것이며 자기를 위하여 은금을 많이 쌓지 말 것이니라""그가 왕위에 오르거든 이 율법서의 등사본을 레위 사람 제사장 앞에서 책에 기록하여" "평생에 자기 옆에 두고 읽어 그의 하나님 여호와 경외하기를 배우며 이 율법의 모든 말과 이 규례를 지켜 행할 것이라" (신 17:16-19).

이 말씀은 이스라엘의 왕들에게 준 것입니다. 여기에는 왕에게 금지된 세 가지가 있습니다. 첫째, 병마를 많이 두지 말라. 군대를 의지하지 말라는 뜻입니다. 둘째, 아내를 많이 두지 말라. 미혹될 수 있기 때문입니다. 셋째, 은과 금을 많이 쌓지 말라. 재물을 의지하지 말라는 뜻입니다.

이 말씀을 줄 때에 왕들이 평생에 자기 옆에 두고 읽으라고 특별히 당부하였습니다. 그럼에도 불구하고 솔로몬은 이 세 가지를 전혀 지키지 않았습니다. 열왕기상 10장 26절을 보겠습니다.

"솔로몬이 병거와 마병을 모으매 병거가 천사백 대요 마병이 만이천 명이라 병거성에도 두고 예루살렘 왕에게도 두었으며" (왕상 10:26).

병마를 많이 두지 말라는 말씀을 어겼습니다. 다음은 열왕기상 10장 27절을 보겠습니다.

"왕이 예루살렘에서 은을 돌 같이 흔하게 하고 백향목을 평지의 뽕나무 같이 많게 하였더라" (왕상 10:27).

은과 금을 쌓지 말라는 명령을 듣지 않았습니다. 다음은 열왕기상

11장 3절을 보겠습니다.

"왕은 후궁이 칠백 명이요 첩이 삼백 명이라 그의 여인들이 왕의 마음을
돌아서게 하였더라" (왕상 11:3).

아내를 많이 두지 말라는 명령을 어겼습니다. 솔로몬은 아내를 무
려 천 명이나 두었습니다. 자신의 아내들로 인하여 미혹되어 마음이
하나님으로부터 돌아서게 되었습니다.

이처럼 솔로몬은 왕들에게 명령한 말씀 세 가지를 지키지 않고 정
반대로 행하였습니다. 한 때 하나님께 그토록 신실했던 솔로몬이 어
떻게 이렇게 변질될 수 있었겠습니까? 그것은 바로 성경 말씀을 주
야로 묵상하지 않았기 때문입니다. 하나님은 왕들의 이러한 잘못을
예방하는 길은 왕들이 율법서를 복사하여 평생에 자기 옆에 두고 읽
는 방법밖에 없음을 알고 그렇게 당부한 것입니다.

솔로몬은 성령 충만하던 젊은 시절에는 율법서를 옆에 두고 열심
히 읽었을 것입니다. 그러다가 언제부터 인지 열심히 읽지 않은 것입
니다. 아마 모두 아는 내용이라고 덮어버렸는지도 모릅니다. 성경을
옆에 두고 밤낮으로 묵상하였다면 그 계명들을 지키지 않을 수 없었
을 테인데 그렇게 하지 않았습니다.

솔로몬은 다윗의 아들로서 한 때 많은 복을 누렸습니다. 지혜의
은사를 받고 지혜서인 잠언과 전도서를 쓰기도 하였습니다. 그러나
아이러니하게도 솔로몬은 자신이 구원받는 지혜를 얻는 데는 실패
하였습니다. 성경을 읽지 않았기 때문입니다. 여기서 다시 한번 디모

데후서 3장 15절 말씀을 보겠습니다.

"또 어려서부터 성경을 알았나니 성경은 능히 너로 하여금 그리스도 예수 안에 있는 믿음으로 말미암아 구원에 이르는 지혜가 있게 하느니라" (딤후 3:15).

이 말씀이 솔로몬에게 적용되었습니다. 솔로몬은 성경을 읽지 않음으로 구원에 이르는 지혜를 얻지 못했고 결국 구원받지 못한 것입니다.

성경을 읽는 목적은 그대로 행하기 위한 것입니다. 읽는 행위 자체가 구원에 이르게 하는 것은 아닙니다. 어떤 사람들은 성경을 읽지만 그대로 행하지는 않습니다. 이처럼 성경을 읽어도 행하지 않는 경우가 있다면 읽지 않는 경우라면 더 말할 것도 없는 것입니다.

여러분은 삼십 년 간 밥을 먹었음으로 앞으로 일 년은 굶어도 된다고 생각하지 않을 것입니다. 여러분은 오십 년간 빵을 먹었으므로 오늘부터는 하루에 한 끼만 먹겠다고 결심하지는 않을 것입니다. 여러분은 입맛이 없다고 한 달 내내 먹지 않고 지내지는 않을 것입니다. 여러분은 너무 바빠서 밥을 삼일 동안 안 먹은 적은 없을 것입니다.

이와 같은 원리로 여러분은 전에 아무리 성경을 많이 읽었고 성경 박사가 되어도 매일 성경을 읽어야 합니다. 성경이 어려워도 읽어야 합니다. 성경이 읽기 싫어도 읽어야 합니다. 시간이 없어도 매일 성경을 묵상해야 합니다.

여러분의 육체는 건강과 생명을 유지하기 위해서 매일 먹습니다. 즐거움을 위해서도 매일 음식을 먹습니다. 그것도 아주 배 부르게 먹습니다. 마찬가지로 여러분의 영이 건강하게 살아 있기 위하여는 영의 양식인 성경 말씀을 매일 필요한 만큼 충분히 먹어야 합니다.

성경을 안 읽거나 조금만 읽어 영혼이 멸망하는 것은 밥을 조금 먹거나 안 먹어 몸이 병들거나 죽는 것과 같은 원리입니다. 하나님의 백성은 떡으로만 사는 것이 아니라 하나님의 입으로부터 나오는 말씀으로 사는 것입니다. 마태복음 4장 4절을 보겠습니다.

"예수께서 대답하여 이르시되 기록되었으되 사람이 떡으로만 살 것이 아니요 하나님의 입으로부터 나오는 모든 말씀으로 살 것이라 하였느니라 하시니"(마 4:4).

영혼이 육체보다 중요합니다. 이제부터는 살아 운동력이 있어 여러분의 영혼과 육체를 구원하는 하나님의 말씀을 밥보다 더 많이, 더 맛있게 먹고 말씀대로 행하며 살기를 예수 그리스도의 이름으로 축복합니다.

2
마귀는 떠나고
천사들이 수종드니라

"그 때에 예수께서 성령에게 이끌리어 마귀에게 시험을 받으러 광야로 가사" "사십 일을 밤낮으로 금식하신 후에 주리신지라" "시험하는 자가 예수께 나아와서 이르되 네가 만일 하나님의 아들이어든 명하여 이 돌들로 떡덩이가 되게 하라" "예수께서 대답하여 이르시되 기록되었으되 사람이 떡으로만 살 것이 아니요 하나님의 입으로부터 나오는 모든 말씀으로 살 것이라 하였느니라 하시니" "이에 마귀가 예수를 거룩한 성으로 데려다가 성전 꼭대기에 세우고" "이르되 네가 만일 하나님의 아들이어든 뛰어내리라 기록되었으되 그가 너를 위하여 그의 사자들을 명하시리니 그들이 손으로 너를 받들어 발이 돌에 부딪치지 않게 하리로다 하였느니라" "예수께서 이르시되 또 기록되었으되 주 너의 하나님을 시험하지 말라 하였느니라 하시니" "마귀가 또 그를 데리고 지극히 높은 산으로 가서 천하 만국과 그 영광을 보여" "이르되 만일 내게 엎드려 경배하면 이 모든 것을 네게 주리라" "이에 예수께서 말씀하시되 사탄아 물러가라 기록되었으되 주 너의 하나님께 경배하고 다만 그를 섬기라 하였느니라" "이에 마귀는 예수를 떠나고 천사들이 나아와서 수종드니라" (마태복음 4:1-11).

죄를 짓게 하는 것은 마귀입니다. 마귀는 사람의 생각을 타고 역사합니다. 사람의 생각에 악하고 더러운 것을 넣어 줌으로써 죄를 범

하게 하는 것입니다. 생각을 다른 말로는 마음이라고 합니다. 즉 마음 또는 생각이 죄를 짓게 하는 시발점입니다.

역대상 21장 1절을 보겠습니다.

"사탄이 일어나 이스라엘을 대적하고 다윗을 충동하여 이스라엘을 계수 하게 하니라" (역상 21:1).

다윗은 하나님이 금한 인구 조사를 하였습니다. 하나님이 인구 조사를 금한 이유는 군사력을 의지하지 말라는 것입니다. 그 당시 인구 조사는 싸울 만한 장성이 몇 명인지 파악하는 것이 주 목적이었습니다. 다윗은 이러한 하나님의 뜻을 알고 있음에도 인구 조사를 실시하였습니다. 그 이유는 사탄이 다윗에게 그러한 생각을 넣어 주었기 때문입니다.

사탄이 다윗을 충동하였다고 합니다. 충동하였다는 것은 마음을 움직이게 했다는 뜻입니다. 사탄이 다윗의 마음을 타고 역사한 것입니다. 그리하여 다윗은 죄를 짓게 되었고 그 죄값으로 백성들이 전염병으로 칠만 명이나 죽었습니다. 이처럼 죄는 사탄이 사람의 마음을 움직여 짓게 하는 것입니다. 하나님께 매우 신실했던 다윗도 마음을 지키지 못해 죄를 범하였습니다.

그러므로 성경은 네 마음을 지키라고 말씀합니다. 잠언 4장 23절을 보겠습니다.

"모든 지킬 만한 것 중에 더욱 네 마음을 지키라 생명의 근원이 이에서 남이니라" (잠 4:23).

이 구절은 생명의 근원이 마음을 지키는 데서 난다고 말씀합니다. 여기서 유의할 표현은 "마음을 지키라"는 것입니다. 여기서 마음을 지키라는 것은 원래 하나님이 주신 마음을 지키라는 것입니다. 하나님이 주신 마음은 좋은 마음, 선한 마음, 정직한 마음, 거룩한 마음입니다.

믿는 사람들은 항상 이러한 마음으로 차 있어야 합니다. 그런데 사탄은 이러한 마음을 부수고 들어와서 악한 마음을 주려 합니다. 이 때에 사탄이 주는 마음을 방어하지 못하면 죄를 짓는 것이고 그 마음을 물리치면 죄를 짓지 않는 것입니다.

노아의 홍수 심판이 있을 때에 모든 사람의 생각이 악했습니다. 창세기 6장 5절을 보겠습니다.

"여호와께서 사람의 죄악이 세상에 가득함과 그의 마음으로 생각하는 모든 계획이 항상 악할 뿐임을 보시고" (창 6:5).

이 구절은 사람의 죄악이 세상에 가득한 것과 그들의 마음이 모두 악한 것을 함께 말씀합니다. 그 이유는 악한 마음을 갖게 되면 행동으로 죄를 짓기 때문입니다. 마음으로만 악하면 혼자 죄를 짓는 것이지만 행동으로 나타나면 다른 사람에게 죄를 짓습니다.

노아의 때에 사람들은 악한 생각을 갖고 죄를 지음으로 모두 홍수에 쓸려 멸망하였습니다. 이 사람들은 하나님이 주신 의로운 생각을 지키지 못하였습니다. 그러나 노아는 마음을 지켰습니다. 노아는 당대의 의인이었습니다. 창세기 6장 9절을 보겠습니다.

"이것이 노아의 족보니라 노아는 의인이요 당대에 완전한 자라 그는 하나님과 동행하였으며" (창 6:9).

노아는 의인이고 완전한 자라고 합니다. 그렇다면 같은 시대를 살면서도, 같은 환경에서 살면서도 다른 모든 사람들은 악한 생각을 하였는데 어떻게 노아만 의로웠을까요? 그 이유는 노아는 하나님과 동행하였기 때문입니다. 하나님과 동행한다는 것은 무슨 의미이겠습니까? 노아가 영이신 하나님과 손을 잡고 걸었다는 뜻입니까?

노아가 하나님과 동행하였다는 것은 하나님의 말씀대로 행하며 살았다는 뜻입니다. 그 당시에 다른 모든 사람은 하나님의 말씀에 불순종하였는데 노아만 순종하였다는 의미입니다. 그러므로 온 땅이 포악하고 부패하였는데 노아만 선하고 의로운 사람으로 인정받은 것입니다.

창세기 5장 24절을 보겠습니다.

"에녹이 하나님과 동행하더니 하나님이 그를 데려가시므로 세상에 있지 아니하였더라" (창 5:24).

에녹은 인류 역사에 죽음을 보지 않고 승천한 두 사람 중에 하나입니다. 그런데 에녹도 노아처럼 하나님과 동행하였다고 합니다. 에녹도 하나님의 말씀에 순종하는 삶을 살았던 것이며 선하고 의로웠던 것입니다.

지금까지 살펴본 것처럼 의로운 사람들, 마음과 생각이 악하지 않은 사람들의 특징은 하나님과 동행한 것입니다. 하나님과 동행한다는 의미는 하나님의 말씀에 순종하며 사는 것입니다. 그렇다면 어떤 사람이 하나님의 말씀에 순종하고 어떤 사람이 불순종하는 것이겠습니까? 어떤 사람에게 의로운 생각이 들어오고 어떤 사람에게 부패한 생각이 들어오는 것이겠습니까?

믿지 않는 자들은 사탄이 그들의 마음을 장악하므로 죄 된 생각에 사로잡혀 지낼 수밖에 없습니다. 그렇다면 예수를 믿는 사람들에게는 어떻게 악한 마음이 들어오겠습니까? 교회를 다니고 예수를 주라고 부르는 사람들에게 죄 된 마음이 들어오는 이유는 성경을 모르기 때문입니다.

진리인 성경 말씀을 바르게 알고 삶에 적용하면 악한 생각이 들어오지 못합니다. 왜냐하면 진리의 영인 성령이 부패한 생각이 들어오지 못하도록 지켜 주기 때문입니다. 왜냐하면 하나님의 말씀이 살아 운동력 있게 역사하므로 마귀가 주는 생각이 자리를 잡을 수 없기 때문입니다.

성경을 몰라 죄를 짓는 간단한 예를 들어보겠습니다. 성경은 돈을 사랑하지 말라고 합니다. 먹고 입는 것이 있으면 만족하라고 말씀합니다. 돈을 사랑하는 것이 일만 악의 뿌리라고 말씀합니다.

그러나 성경을 모르거나 잘 못 배우면 돈을 사랑합니다. 돈에 대한 욕심이 들어옵니다. 돈에 대한 욕심은 결국 죄를 낳습니다. 세상의 대부분의 죄가 돈 때문인 것은 뉴스를 매일 접하는 사람들은 쉽게 동의할 것입니다. 도둑질, 사기, 횡령, 배임 등이 모두 돈 때문에 짓는 죄이고 심지어는 돈 때문에 살인까지 합니다.

예수를 믿는 사람들도 이러한 죄를 짓는데 심지어 믿음 생활, 교회 생활을 성실히 열심으로 하는 사람들도 이러한 죄를 짓습니다. 이러한 사람들에게 하신 말씀이 디모데후서 3장 7절과 로마서 10장 2절입니다.

"항상 배우나 끝내 진리의 지식에 이를 수 없느니라" (딤후 3:7).
"내가 증언하노니 그들이 하나님께 열심이 있으나 올바른 지식을 따른 것
이 아니니라" (롬 10:2).

이 두 구절은 항상 성경을 배우고 믿음 생활을 열심히 하지만 깨닫지 못한다고 말씀합니다. 이들이 깨닫지 못하고 말씀의 열매를 맺지 못하는 이유는 마음에 욕심이 있기 때문입니다. 디모데후서 3장 6절의 끝 부분은 이들이 성경을 배움에도 불구하고 끝내 진리에 이르지 못하는 이유가 여러가지 욕심에 끌렸기 때문이라고 말씀합니다.

욕심이 있는 사람은 돈을 사랑하지 말라는 말씀을 지나칩니다. 자신의 욕심이 그 성경 구절의 해석을 왜곡합니다. 그러므로 말씀대로 살지 않게 되며 말씀대로 살지 않는 것은 그 자체가 죄입니다.

마음은 행위의 근원입니다. 사람들의 죄는 마음에서 출발합니다. 욕심 있는 마음이 죄를 잉태하고 죄는 사망을 낳습니다. 야고보서 1장 14절, 15절을 보겠습니다.

"오직 각 사람이 시험을 받는 것은 자기 욕심에 끌려 미혹됨이니" "욕심이 잉태한즉 죄를 낳고 죄가 장성한즉 사망을 낳느니라" (약 1:14-15).

여기서 말씀하는 욕심은 육체의 정욕과 재물에 대한 욕심입니다. 이러한 욕심이 마음에 들어옴으로써 결국 멸망합니다.

그렇다면 멸망하게 하는 죄 된 마음이 들어오지 않게 하려면 어떻게 해야 하겠습니까? 사탄이 주는 악한 마음을 어떻게 물리쳐야 하겠습니까? 본문 말씀은 예수님이 세례를 받은 후 광야에서 마귀의 시험을 받는 내용입니다. 여기에는 세 가지 중요한 교훈이 있습니다.

첫째, 성령 세례를 받은 후에는 반드시 마귀의 강한 시험이 있습니다. 하나님이 성령을 받은 사람에게 마귀의 시험을 받게 하는 것은 영적인 훈련 과정입니다. 성령을 받은 사람은 이러한 시험을 통과하면서 신령한 경험을 많이 하게 되며 영적으로 매우 강건하게 됩니다.

둘째, 마귀의 시험을 이기기 위하여는 자기를 부인하는 강한 절제가 필요합니다. 예수님은 사십일 금식으로 이러한 자기 부인의 절제를 하였습니다.

셋째, 마귀의 시험에 넘어가지 않으려면 성경 말씀을 알아야 합니다. 마귀는 예수님을 세 차례 유혹하였습니다. 그 중에 두 번은 성경 구절을 인용하여 죄를 짓게 유도하였습니다. 그러나 예수님은 이를 물리쳐 이겼습니다. 성경 말씀을 인용하여 이겼습니다. 마귀보다 성경을 더 잘 알아야 마귀를 이길 수 있습니다.

이상의 세 가지 교훈 중에서 한 번 더 주목하려는 것은 예수께서 마귀의 시험을 성경 말씀으로 물리친 사실입니다. 조금 전에 사탄이 주는 악한 생각을 어떻게 물리칠 수 있는 지에 대한 질문을 던졌습니다. 그 답을 여기서 찾아보려고 합니다. 본문 말씀 중 마태복음 4장 1절에서 4절까지를 보겠습니다.

"그 때에 예수께서 성령에게 이끌리어 마귀에게 시험을 받으러 광야로 가사" "사십 일을 밤낮으로 금식하신 후에 주리신지라" "시험하는 자가 예수께 나아와서 이르되 네가 만일 하나님의 아들이어든 명하여 이 돌들로 떡덩이가 되게 하라" "예수께서 대답하여 이르시되 기록되었으되 사람이 떡으로만 살 것이 아니요 하나님의 입으로부터 나오는 모든 말씀으로 살 것이라 하였느니라 하시니" (마 4:1-4).

마귀가 예수님을 가장 먼저 시험한 것은 먹을 것에 관한 것입니다. 예수님이 배가 고픈 것을 아는 마귀는 예수님에게 기적을 일으켜 배고픈 것을 해결하라고 시험하였습니다. 예수님은 육의 양식보다 하나님의 말씀이 더 중요하다고 말하며 마귀의 시험을 물리쳤습니다. 예수님은 신명기의 말씀을 인용하여 마귀의 시험을 이겼습니다. 신명기 8장 3절을 보겠습니다.

"너를 낮추시며 너를 주리게 하시며 또 너도 알지 못하며 네 조상들도 알지 못하던 만나를 네게 먹이신 것은 사람이 떡으로만 사는 것이 아니요 여호와의 입에서 나오는 모든 말씀으로 사는 줄을 네가 알게 하려 하심이니라" (신 8:3).

너희를 배고프게 한 이유가 하나님의 말씀으로 사는 것을 가르치기 위한 것이라고 말씀합니다. 예수님은 이 말씀을 알고 있었습니다. 또한 사십일 동안 음식을 먹지 않고도 살아 있음으로 몸으로도 체험하였습니다. 그리하여 마귀의 시험을 이겼습니다.

다음은 본문 말씀 중 마태복음 4장 5절에서 7절까지를 보겠습니다.

"이에 마귀가 예수를 거룩한 성으로 데려다가 성전 꼭대기에 세우고" "이르되 네가 만일 하나님의 아들이어든 뛰어내리라 기록되었으되 그가 너를 위하여 그의 사자들을 명하시리니 그들이 손으로 너를 받들어 발이 돌에 부딪치지 않게 하리로다 하였느니라" "예수께서 이르시되 또 기록되었으되 주 너의 하나님을 시험하지 말라 하였느니라 하시니" (마 4:5-7).

마귀가 시편 91장 11절, 12절 말씀으로 예수님을 유혹하였습니다.

"그가 너를 위하여 그의 천사들을 명령하사 네 모든 길에서 너를 지키게 하심이라" "그들이 그들의 손으로 너를 붙들어 발이 돌에 부딪히지 아니하게 하리로다" (시 91:11-12).

이 말씀으로 사탄이 유혹하자 예수님은 신명기 6장 16절 말씀으로 받아 쳤습니다.

"너희가 맛사에서 시험한 것 같이 너희의 하나님 여호와를 시험하지 말고" (신 6:16).

만약에 예수님이 이 성경 구절을 몰랐다면 사탄의 시험에 넘어가 높은 곳에서 뛰어내렸을 것입니다.

다음은 본문 말씀 중 마태복음 4장 8절에서 10절까지를 보겠습니다.

"마귀가 또 그를 데리고 지극히 높은 산으로 가서 천하 만국과 그 영광을 보여" "이르되 만일 내게 엎드려 경배하면 이 모든 것을 네게 주리라" "이에 예수께서 말씀하시되 사탄아 물러가라 기록되었으되 주 너의 하나님께 경배하고 다만 그를 섬기라 하였느니라" (마 4:8-10).

이번에는 마귀가 자신에게 엎드리면 부와 영광을 주겠다고 유혹하였습니다. 그러자 예수님은 다시 성경 말씀으로 그 유혹을 물리쳤습니다. 예수님이 사용한 성경 구절은 신명기 6장 13절, 14절입니다.

"네 하나님 여호와를 경외하며 그를 섬기며 그의 이름으로 맹세할 것이니라" "너희는 다른 신들 곧 네 사면에 있는 백성의 신들을 따르지 말라" (신 6:13-14).

부와 영광은 모든 인간들이 가장 좋아하는 것입니다. 가장 강력한 마귀의 유혹입니다. 이 유혹에 걸려들지 않기가 어렵습니다. 그러나 예수님은 성경 말씀을 알고 있으므로 이 유혹에 넘어가지 않았습니다.

이처럼 사탄은 인간의 본능을 자극하고 육체의 소욕과 이생의 자랑으로 유혹합니다. 죄를 마음에 심으려고 합니다. 심지어 성경 구절까지 인용하며 사람의 생각을 혼돈하게 합니다.

사탄은 다윗에게 너의 군사력이 적을 무찌르기에 충분한지 인구를 세어 보라고 충동하였습니다. 군인의 수를 세어보는 것이 죄로 여겨지지 않게 마음을 조종한 것입니다. 이 때에 다윗은 전쟁은 여호와께 속한 것이니 나는 오직 여호와를 의지하고 군대를 의지하지 않는다고 반격하였으면 죄를 범하지 않았을 것입니다.

다윗은 하나님의 말씀으로 반격하지 못함으로써 사탄의 속임에 넘어갔습니다. 죄를 지어 애매한 백성들만 죽게 하였습니다. 그러나 예수님은 하나님의 말씀으로 공격하여 사탄을 이기고 승리하였습니다.

이상으로 살펴본 말씀에는 중요한 교훈이 있습니다. 그것은 사탄이 주는 생각을 받지 않고 물리치는 방법에 관한 것입니다. 그것은 성경 말씀으로 무장하는 것입니다. 사탄도 성경에 대한 지식이 상당하다는 것을 보았습니다.

그러므로 여러분은 사탄을 이기려면 사탄보다 성경 지식이 더 많아야 합니다. 모르면 패하는 것입니다. 말씀의 기근은 영혼을 멸망으로 인도합니다. 그러므로 성경은 말씀을 주야로 묵상하고 그 말씀대로 행하라고 여러 차례 말씀합니다.

주님이 마귀의 유혹을 물리친 방법은 금식으로 자아 부인과 절제를 하고 성경 말씀으로 무장한 것입니다. 이러한 방법이 여러분에게 동일하게 적용됩니다. 자아 부인은 아무도 미워하지 않는 것이며 화를 내지 않는 것이며 욕심이 없는 것입니다. 섬기고 돕고 희생하는 것입니다.

성경을 주야로 묵상하며 이러한 삶을 살 때에 마귀가 주는 생각이 들어오지 못합니다. 주님이 이렇게 하였을 때 무슨 일이 일어났는지 보겠습니다. 본문 말씀 중 마태복음 4장 11절을 보겠습니다.

"이에 마귀는 예수를 떠나고 천사들이 나아와서 수종드니라" (마 4:11).

여러분이 모든 소욕과 자아를 버리고 성경 말씀으로 충만하면 마귀가 주는 마음이 들어오지 못합니다. 말씀의 전신 갑주에 적의 불화살이 튕겨 나가버립니다. 여러분의 믿음이 이처럼 온전해지면 마귀는 떠나고 천사들이 수종 들게 됩니다. 마귀가 떠났다는 것은 마귀가 다시는 시험을 하지 않는다는 의미입니다.

마귀를 상징하는 뱀의 생물학적 행태 중에 하나는 살아 있는 동물만 먹는 것입니다. 뱀이 나타나면 작은 동물들은 죽은 척하고 움직이지 않습니다. 뱀은 한동안 이 동물이 움직이는지 관찰하다가 움직이지 않으면 죽은 줄 알고 떠납니다. 마찬가지로 마귀도 자아가 살아있는 사람만 공격합니다. 자아가 죽은 사람은 공격하지 않습니다. 죽은 것을 먹지 않는 뱀의 속성과 같습니다.

또한 뱀은 자기 보다 강한 동물을 공격하지 못합니다. 마찬가지로 여러분이 마귀보다 강하면 마귀가 공격하지 못합니다. 마귀보다 강해지는 것은 마귀보다 성경을 더 잘 아는 것입니다. 성경 말씀대로 사는 것입니다. 이 두 가지, 즉 자아가 죽고 성경 말씀으로 충만하면 마귀는 떠나고 천사들이 수종 들게 됩니다.

많은 믿는 사람들이 사탄이 이런 저런 일로 자신을 괴롭혔다고 합니다. 사탄이 방해를 했고 죄를 짓게 되었다고도 합니다. 그리고 후회하고 회개도 합니다. 사람들이 이러한 시험에 빠지고 죄를 계속 반복합니다.

이것은 마귀가 여러분 주위를 맴돌다가 자아가 살아있거나 성경 말씀을 모르므로 공격하는 것입니다. 화를 내는 순간 뱀에게 물리는 것입니다. 욕심을 부리고 음란한 마음을 먹으면 뱀이 온 몸을 감고 삼키는 것입니다.

여러분이 이러한 시험에서 벗어 나려면 여러분의 믿음이 마귀가 떠나고 천사들이 수종 드는 정도가 되어야 합니다. 자아를 부인하고 성경 말씀으로 무장하면 됩니다.

마귀가 성경을 이용하여 유혹한다는 것은 성경을 아는 사람을 통하여 유혹한다는 의미입니다. 그렇다면 마귀의 종 노릇하는 사람들이 누구이겠습니까? 성경을 아는 사람이므로 불신자나 불교의 승이나 무슬림은 아닐 것입니다.

세례 요한도 예수님도 독사의 자식이라고 칭한 사람들이 있었습니다. 이들은 바리새인들과 서기관들이었습니다. 마태복음 12장 34절과 23장 33절을 보겠습니다.

"독사의 자식들아 너희는 악하니 어떻게 선한 말을 할 수 있느냐 이는 마음에 가득한 것을 입으로 말함이라" (마 12:34).

"뱀들아 독사의 새끼들아 너희가 어떻게 지옥의 판결을 피하겠느냐" (마 23:33).

예수님의 시대에 바리새인과 서기관들은 종교 지도자이고 성경 교사였습니다. 그런데 예수님은 이러한 사람들을 독사의 새끼라고 불렀습니다. 스스로도 지옥으로 가고 교인들도 지옥으로 끌고 간다고 심한 말씀으로 책망하였습니다.

그 당시의 마귀의 자식이라 불리었던 바리새인과 서기관들은 지금의 목사들입니다. 즉 마귀는 성경을 아는 목사들을 교회 안에 보내어 교인들에게 성경 말씀으로 시험하고 유혹하는 것입니다.

조금 전에 마귀가 성경 말씀으로 유혹하므로 속지 않으려면 마귀보다 성경을 더 잘 알아야 한다고 말씀드렸습니다. 그렇다면 교인들이 이러한 거짓 목사들에게 속지 않으려면 목사들보다 더 성경을 잘 알고 그것을 무기로 싸워야 한다는 사실이 논리적으로 성립되는 것입니다.

교인들이 성경 말씀으로 싸우는 예를 들어보겠습니다. 만약 어떤 목사가 "여러분은 입으로 예수님을 주로 시인하였으므로 영원히 구원을 받은 것"이라고 가르쳤다면 이 목사는 로마서 10장 10절을 인용한 것입니다.

"사람이 마음으로 믿어 의에 이르고 입으로 시인하여 구원에 이르느니라" (롬 10:10).

목사가 이렇게 가르칠 때에 여러분은 "성경은 두렵고 떨림으로 구원을 이루어가라고 말씀합니다. 주여 주여 하는 자마다 모두 천국에 들어가는 것이 아니라 하나님의 뜻대로 행하는 자만 들어간다고 말씀합니다"고 대응해야 합니다. 이 말씀은 빌립보서 2장 12절과 마태복음 7장 21절 말씀입니다.

"그러므로 나의 사랑하는 자들아 너희가 나 있을 때뿐 아니라 더욱 지금 나 없을 때에도 항상 복종하여 두렵고 떨림으로 너희 구원을 이루라" (빌 2:12).

"나더러 주여 주여 하는 자마다 다 천국에 들어갈 것이 아니요 다만 하늘에 계신 내 아버지의 뜻대로 행하는 자라야 들어가리라" (마 7:21).

이렇게 하는 것이 마귀와의 전쟁에서 승리하는 것입니다. 여기서 중요한 것은 반드시 목사에게 그 가르침이 틀렸다고 말을 해야 한다는 것입니다. 예수님도 마귀에게 그렇게 하였습니다.

또 다른 예를 들어보겠습니다. 만약 어떤 목사가 "아브라함도 부자였고 이삭도 부자였으니 여러분도 돈을 많이 벌어 부유하게 누리며 사십시오"하고 가르치면 여러분은 "성경은 네 소유를 모두 팔아 가난한 자에게 나누어 주고 주를 따르라 하였습니다. 생명이 그 소유의 넉넉함에 있지 않으니 삼가 탐심을 버리라고 하였습니다. 저축하는 것이 어리석은 일이라고 하였습니다. 낙타가 바늘귀로 들어가는 것이 부자가 천국에 들어가기보다 쉽다고 말씀합니다"고 대응해야 합니다.

관련 구절들을 모두 살펴보겠습니다.

"예수께서 이 말을 들으시고 이르시되 네게 아직도 한 가지 부족한 것이 있으니 네게 있는 것을 다 팔아 가난한 자들에게 나눠 주라 그리하면 하늘에서 네게 보화가 있으리라 그리고 와서 나를 따르라 하시니"(눅 18:22).

"그들에게 이르시되 삼가 모든 탐심을 물리치라 사람의 생명이 그 소유의 넉넉한 데 있지 아니하니라 하시고"(눅 12:15).

"또 내가 내 영혼에게 이르되 영혼아 여러 해 쓸 물건을 많이 쌓아 두었으니 평안히 쉬고 먹고 마시고 즐거워하자 하리라 하되""하나님은 이르시되 어리석은 자여 오늘 밤에 네 영혼을 도로 찾으리니 그러면 네 준비한 것이 누구의 것이 되겠느냐 하셨으니"(눅 12:19-20).

"예수께서 그를 보시고 이르시되 재물이 있는 자는 하나님의 나라에 들어가기가 얼마나 어려운지""낙타가 바늘귀로 들어가는 것이 부자가 하나님의 나라에 들어가는 것보다 쉬우니라 하시니"(눅 18:24-25).

목사에게 이러한 틀린 가르침을 지적하였음에도 바로잡지 않으면 그 교회를 떠나야 합니다. 그 목사는 성경을 잘못 가르쳐 교인들을 지옥으로 끌고 가는 마귀입니다.

이상으로 예를 든 두 가지의 가르침, 한 번 구원은 영원한 구원과 돈을 많이 벌어 부유하게 누리며 살라는 가르침은 한국의 교회 안에 팽배한 대표적인 잘못된 가르침입니다.

마귀는 이 두 가지 틀린 가르침으로 수많은 교인들을 지옥으로 끌고 갑니다. 교인들을 지옥으로 끌고 가는 자들이 목사라는 사실은 예수님의 때에나 현대에나 변하지 않았다는 사실에 여러분은 깨어 있어야 합니다.

지금은 마지막 때입니다. 마귀도 자기의 때가 찬 줄 알고 택한 자들까지 미혹합니다. 많은 사람들이 이들의 간계에 넘어가고 있습니다. 욕심이 있고 성경을 모르므로 속는 것입니다.

이 설교를 듣는 여러분은 삼가 탐심을 버리고 성경 말씀으로 무장하여 마귀는 떠나가고 천사들의 수종을 받게 되기를 마귀를 물리치고 승리한 우리 주 예수 그리스도의 이름으로 축복합니다.

3
스물 네 시간 기도하라

"쉬지 말고 기도하라" (데살로니가전서 5:17).
"기도를 계속하고 기도에 감사함으로 깨어 있으라" (골로새서 4:2).
"모든 기도와 간구를 하되 항상 성령 안에서 기도하고 이를 위하여 깨어 구하기를 항상 힘쓰며 여러 성도를 위하여 구하라" (에베소서 6:18).

기도를 하지 않는 사람은 몸은 살았지만 영은 죽은 것입니다. 몸은 몇 분만 숨을 쉬지 못하면 뇌에 산소가 공급되지 않아 뇌사 상태가 됩니다. 마찬가지로 영적 호흡인 기도를 충분히 하지 않으면 그 사람의 영은 뇌사 상태에 있는 것입니다. 육체는 살아 있는데 영은 죽었으므로 영이신 하나님이 보기에 그 사람은 죽은 것입니다.

말씀은 양식에 비유하고 기도는 호흡에 비유하는데 이러한 비유는 매우 적절합니다. 그러므로 말씀을 주야로 묵상하고 기도는 쉬지 말고 하라는 것입니다. 성경에서 쉬지 말고 기도하라는 것은 단순히 기도를 많이 할 것을 강조한 말이 아닙니다. 문자 그대로 숨쉬는 것처럼 중단하지 말고 하라는 의미입니다.

주어진 세 개의 본문은 공통적으로 기도를 쉬지 않고 계속하라고 말씀합니다. 각 본문을 영어 표현과 함께 살펴보겠습니다.

첫째, 데살로니가전서 5장 17절을 보겠습니다.

"쉬지 말고 기도하라"는 NIV 성경으로 "Pray continually"라고 하는데 "Continually" 라는 단어는 "계속하여"라는 의미입니다. 다시 말하면 이 구절은 중단하지 말고 계속하여 기도하라는 뜻입니다.

둘째, 에베소서 6장 18절 중에 "구하기를 항상 힘쓰며" 부분을 영어로 보면 "Always keep on praying"이라고 쓰여 있습니다. "Always"는 항상이라는 뜻이고 "Keep on"은 계속 한다는 의미입니다. 문자대로 해석하면 항상 계속 기도하라는 의미입니다. 계속 기도하는 것을 항상이라는 단어로 강조합니다.

셋째, 골로새서 4장 2절의 말씀 중 "기도를 계속하고"라는 부분을 보겠습니다. 이 문장은 NIV 영어성경에 "Devote yourselves to pray"로 표현되어 있습니다. "Devote"의 뜻은 "대부분의 시간과 힘을 어떤 것에 쏟다"는 의미입니다. 그러므로 이 부분을 해석하면 대부분의 시간과 힘을 바쳐 기도하라는 것입니다.

이상의 세 가지를 종합하면 중단하지 말고, 항상, 계속적으로, 대부분의 시간과 힘을 바쳐 기도하라는 것입니다. 즉 본문의 세 구절은 단순히 기도를 열심히 하라는 이상의 의미입니다. 실제로 하루 스물 네 시간 주 칠 일 기도하라는 것입니다.

우리가 무의식 중에 숨을 쉬듯이 기도도 다른 일을 하면서도 할 수 있으며 그렇게 하라는 의미입니다. 지금 말씀드리는 것은 따로 시간과 장소를 내어 하는 기도에 관한 것은 아닙니다. 생활 중에 하는 기도에 관한 것입니다.

이 설명을 더 구체적으로 하기 전에 기도와 관련한 나의 경험을 소개하겠습니다. 성령을 받은 지 몇일 되지 않은 어느 날이었습니다. 아침에 일어나서 잠자리에 들기까지 밥 먹는 시간만 제외하고 하루 종일 소리 내어 방언으로 기도한 적이 있습니다. 의도적으로 한 것이 아니었습니다. 성령의 감동으로 기도가 멈추지 않고 나왔다는 것이 정확한 표현입니다. 의지적으로 중단할 수도 있었지만 나오는 대로 자연스럽게 두었습니다.

그날 나는 직장에서 일도 하였고 수퍼마켓 앞에서 전도지를 돌리며 전도도 하였습니다. 일상 생활 중에 기도한 것입니다. 다음 날 이 경험을 생각하며 묵상을 하는데 두 가지를 깨달았습니다. 하나는 그동안 기도를 너무 게을리해서 밀린 기도의 양을 채우는 것이라는 감동이었습니다. 다른 하나는 성경의 쉬지 말고 기도하라는 말씀을 실제로 연습 시킨 것이라는 깨달음이었습니다.

이 두 가지의 깨달음은 모두 바른 것입니다. 나는 성령과 함께 방언의 은사를 받았는데 방언을 받은 날부터 계속 방언으로 기도하는 습관이 생겼습니다. 나는 지금도 계속하여 생활 중에 방언으로 기도합니다.

샤워할 때에도, 운전할 때에도, 길을 걸을 때에도 방언으로 기도합니다. 그렇게 하다 보면 책을 읽으면서도, 일을 하면서도 내 영이 깨어 기도하는 것을 느낍니다. 나의 이러한 기도 습관은 성령이 준 것입니다. 성경에서 말씀하는 쉬지 말고 기도하라는 말씀이 나에게 응한 것입니다.

다음은 자면서 하는 기도에 대하여 나누겠습니다. 자면서 기도하는 것은 영의 안테나와 주파수를 하늘로 맞추어 놓고 자는 것에 비유할 수 있습니다. 라디오도 주파수만 맞추어 놓으면 스물 네 시간 방송이 나오는 원리와 같습니다. 다시 설명하면 자면서도 하나님을 만나고 꿈으로 하나님의 음성을 듣기 원하는 심정으로 잠자리에 드는 것입니다. 이것을 자면서도 기도한다고 표현한 것입니다.

이상으로 살펴본 것처럼 스물 네 시간 기도하는 것은 성경의 가르침이며 그것이 그리 어려운 것도 아니므로 누구든지 삶에서 실천할 수 있습니다.

방언을 하는 사람들은 무시로 기도하는 좋은 수단을 가진 것입니다. 방언으로 기도하면 여러분의 영이 기도합니다. 그 내용을 본인이 알지 못해도 성령 안에서 기도하는 것입니다. 생활 중에 할 수 있는 좋은 기도의 방법입니다. 방언의 은사를 받은 사람은 방언 기도를 많이 하고 방언을 선물로 주신 하나님께 감사하십시오. 고린도전서 14장 18절을 보겠습니다.

"내가 너희 모든 사람보다 방언을 더 말하므로 하나님께 감사하노라" (고
전 14:18).

사도 바울은 자신이 방언을 많이 말 함으로 하나님께 감사하다고 했습니다. 바울은 그 당시의 사람들 중에 가장 방언을 많이 한 사람입니다. 바울의 영력의 비밀 중에 하나가 바로 이것입니다. 방언으로 많이 기도하고 쉬지 않고 스물 네 시간 기도한 것입니다. 그러한 기도로 쌓인 공력으로 사역한 것입니다.

방언의 은사를 받지 않은 사람들도 생활 중에 무시로 기도할 수

있습니다. 마음으로 기도하고 일상 언어로 기도할 수 있습니다. 반드시 방언 기도가 일반 기도보다 더 좋은 방법의 기도는 아닙니다. 그럼에도 불구하고 방언의 은사를 받지 않은 사람들은 구하여 받을 것을 권면합니다.

다음은 쉬지 않고 기도할 때에 얻는 유익에 대하여 나누어 보겠습니다.

첫째, 깨어 있게 됩니다. 스물 네 시간 기도한다는 것은 스물 네 시간 깨어 있는 것입니다. 그러므로 이러한 기도를 하는 사람들은 예수님이 언제 와도 문제가 없습니다.

둘째, 영에 속한 사람으로 만들어집니다. 하나님과 영으로 교통하는 시간이 많아지므로 점점 더 영적인 사람이 될 수 있습니다.

셋째, 잡념이나 걱정이 없어지고 마음에 평강이 옵니다.

넷째, 하나님의 음성을 더 잘 듣게 되며 하나님과 가까워집니다.

다섯째, 믿음이 자라고 삶이 세상과 구별됩니다.

쉬지 않고 기도할 때에 이처럼 많은 유익이 있습니다. 지금까지는 첫째 본문 말씀인 데살로니가전서 5장 18절의 "쉬지 않고 기도하라"는 구절을 중심으로 기도는 영적인 호흡이므로 생활 가운데 무시로 쉬지 않고 해야 한다는 것에 대하여 나누었습니다.

다음은 골로새서 4장 2절 말씀 중 기도에 "감사함으로 깨어 있으라"는 부분에 대하여 나누겠습니다. 성경은 깨어 있으라는 말씀을 많이 합니다. 예수님은 겟세마네 동산에서 기도하면서 제자들에게 깨어 기도하라고 당부하였습니다. 그러나 제자들은 번번히 잠을 잡니다. 마태복음 26장 38절과 40절, 41절을 보겠습니다.

"이에 말씀하시되 내 마음이 매우 고민하여 죽게 되었으니 너희는 여기 머물러 나와 함께 깨어 있으라 하시고" (마 26:38).
"제자들에게 오사 그 자는 것을 보시고 베드로에게 말씀하시되 너희가 나와 함께 한 시간도 이렇게 깨어 있을 수 없더냐" "시험에 들지 않게 깨어 기도하라 마음에는 원이로되 육신이 약하도다 하시고" (마 26:40-41).

여기서 깨어 있으라는 의미는 영적인 것과 육적인 것을 모두 뜻합니다. 그 둘은 관련이 있습니다. 제자들은 육신이 피곤하여 기도할 수가 없습니다. 예수님이 이들을 질책한 이유는 영이 깨어 있지 않음으로 육체의 피곤함을 극복하지 못했기 때문입니다.

그러므로 예수님이 제자들에게 깨어 있으라고 한 것은 쉬지 않고 기도하라는 것이며 기도는 육체의 한계를 뛰어 넘는다는 의미가 있습니다. 누가복음 21장 36절은 깨어 있는 것이 곧 기도하는 것임을 말씀합니다.

"이러므로 너희는 장차 올 이 모든 일을 능히 피하고 인자 앞에 서도록 항상 기도하며 깨어 있으라 하시니라" (눅 21:36).

이 구절의 말씀은 다른 일을 하면서 깨어 있으라고 말씀하지 않습니다. 늦게까지 일하면서 깨어 있으라고 하지 않습니다. TV를 늦게까지 보면서 깨어 있으라고 하지 않습니다. 새벽에 골프 치러 가기 위하여 깨어 있으라고 하지 않습니다. 기도하기 위하여 깨어 있으라고 합니다.

그리하면 환난을 피하고 그리스도 앞에 설 수 있다고 말씀합니다. 이 구절에서 장차 올 이 모든 일은 마지막 때의 칠 년 대환난입니다. 인자 앞에 선다는 것은 휴거를 의미합니다. 깨어 기도하는 자만이 칠 년 대환난이 오기 전에 휴거 할 수 있습니다.

다음은 깨어 있을 때의 또 다른 유익에 관하여 알아보겠습니다. 고린도전서 15장 34절은 깨어 있으면 의를 행하고 죄를 짓지 않는다고 말씀합니다.

"깨어 의를 행하고 죄를 짓지 말라 하나님을 알지 못하는 자가 있기로 내가 너희를 부끄럽게 하기 위하여 말하노라"(고전 15:34).

고린도전서 16장 13절은 깨어 있으면 믿음이 굳건 해진다고 합니다.

"깨어 믿음에 굳게 서서 남자답게 강건하라"(고전 16:13).

디모데후서 2장 26절은 깨어 있으면 마귀의 올무에 걸리지 않는다고 말씀합니다.

"그들로 깨어 마귀의 올무에서 벗어나 하나님께 사로잡힌 바 되어 그 뜻을 따르게 하실까 함이라"(딤후 2:26).

마태복음 24장 42절은 깨어 있는 자만 마지막 때에 구원받는다고 말씀합니다.

"그러므로 깨어 있으라 어느 날에 너희 주가 임할는지 너희가 알지 못함이니라" (마 24:42).

이상으로 깨어 기도하는 것의 중요성과 유익에 관하여 살펴보았습니다. 다음은 마지막 본문인 에베소서 6장 18절 중 항상 성령 안에서 기도하라는 말씀에 대하여 나누어 보겠습니다.

성령 안에서 기도하는 것은 성령의 인도함을 따라 기도한다는 의미입니다. 유다서 1장 20절에는 "성령으로 기도함"이라는 표현이 있는데 이것도 같은 뜻입니다. 다시 말하면 성령 안에서 기도하는 것은 성령으로, 성령의 뜻대로, 성령의 인도함으로, 성령이 대신하여 기도하는 것입니다. 로마서 8장 26절, 27절을 보겠습니다.

"이와 같이 성령도 우리의 연약함을 도우시나니 우리는 마땅히 기도할 바를 알지 못하나 오직 성령이 말할 수 없는 탄식으로 우리를 위하여 친히 간구하시느니라" "마음을 살피시는 이가 성령의 생각을 아시나니 이는 성령이 하나님의 뜻대로 성도를 위하여 간구하심이니라" (롬 8:26-27).

이 구절은 성령 안에서 기도하는 의미를 잘 설명합니다. 성령이 친히 하나님의 뜻을 알아서 그 뜻대로 기도하게 하는 것이 성령 안에서 기도하는 것입니다. 이것은 하나님이 응답하기로 준비하고 기도하게 하는 것입니다. 이렇게 기도하는 것은 마치 답을 알려 주고 시험보는 것과 같습니다. 항상 백 점을 받는 기도가 되는 것입니다.

성령 안에서 기도하는 것은 모두 응답 받습니다. 그러므로 성경은 믿고 구한 것은 받은 것으로 알라고 말하는 것입니다. 성령 안에서 기도하라는 것은 내 생각을 따라 기도하지 말라는 뜻입니다. 육체의 소욕을 채우고 세상적인 것을 얻기 위하여 기도하지 말라는 뜻입니다.

성령 안에서 기도하는 예를 성경 말씀을 인용하여 살펴보겠습니다.

첫째, 마태복음 26장 39절을 보겠습니다.

"조금 나아가사 얼굴을 땅에 대시고 엎드려 기도하여 이르시되 내 아버지여 만일 할 만하시거든 이 잔을 내게서 지나가게 하옵소서 그러나 나의 원대로 마시옵고 아버지의 원대로 하옵소서 하시고" (마 26:39).

이 구절은 예수님이 십자가를 지기 전에 겟세마네에서 한 기도입니다. 이 잔은 십자가에서 죽는 것을 뜻합니다. 예수님은 십자가에서 고통스럽게 죽는 것을 피할 수 있으면 피하게 해 달라고 아버지께 구하였습니다. 그러나 자신의 원대로 말고 하나님의 원대로 하라고 기도하였습니다.

이처럼 아버지의 뜻대로 되기를 간구하는 것이 성령 안에서 기도하는 것입니다. 만약에 하나님의 뜻대로 되기를 구하지 않고 예수님의 뜻대로 되기를 간절히 기도하여 십자가에서 죽으시지 않았다면 인간들의 구원은 어떻게 되었겠습니까? 이처럼 성령 안에서 하나님의 뜻대로 기도하는 것은 영혼이 구원받는 기도입니다.

둘째, 마태복음 6장 33절을 보겠습니다.

"그런즉 너희는 먼저 그의 나라와 그의 의를 구하라 그리하면 이 모든 것
을 너희에게 더하시리라" (마 6:33).

성령 안에서 기도한다는 것은 먼저 하나님의 나라와 의를 구하는
것입니다. 나의 것과 나의 의를 먼저 구하는 기도는 성령 안에서 하
는 기도가 아닙니다. 성령의 뜻을 따라 하지 않는 기도는 성공하지
못합니다. 먼저 그의 나라와 의를 구하지 않으면 기도와 믿음 생활
에 실패합니다.

하나님의 나라와 의를 구한다는 것은 어떤 의미인지 살펴보겠습
니다. 마지막 본문인 에베소서 6장 18절을 다시 보겠습니다.

"모든 기도와 간구를 하되 항상 성령 안에서 기도하고 이를 위하여 깨어
구하기를 항상 힘쓰며 여러 성도를 위하여 구하라" (엡 6:18).

이 말씀은 크게 두 가지의 메시지로 되어있습니다. 하나는 성령 안
에서 기도하라는 것입니다. 다른 하나는 모든 성도를 위하여 기도하
라는 것입니다. 한 줄로 요약하면 성령 안에서 모든 성도들을 위하
여 쉬지 않고 기도하라는 것입니다.

자신을 위하여 쉬지 않고 기도하라고 하지 않았습니다. 성도들을
위하여 문자 그대로 쉬지 않고 기도하라는 것입니다. 몇몇 성도나 어
떤 특정한 성도를 위하여 기도하라고 하지 않습니다. 모든 성도들을
위하여 기도하라고 합니다. 먼저 그의 나라와 의를 구하는 것은 먼
저 성도들과 교회를 위하여 기도하는 것입니다.

두 번째로는 잃어버린 영혼들을 위하여 기도하는 것입니다. 전도대상자와 믿지 않는 자들, 굶주린 자들, 환난에 처한 자들을 위해 기도하는 것입니다. 이 두 가지가 그의 나라와 의를 위하여 기도하는 것의 좋은 표본입니다. 이러한 기도를 할 때 그 외의 것은 자동으로 해결됩니다.

요약하면 성령 안에서 기도하는 것은 첫째, 성령의 인도함을 받아 기도하는 것입니다. 둘째, 하나님의 뜻대로 이루어지기를 기도하는 것입니다. 셋째, 먼저 하나님의 나라와 의를 구하는 것입니다. 먼저 성도와 교회를 위하여 기도하고 다음은 잃어버린 영혼들을 위하여 기도하는 것이 순서입니다.

이제부터는 삶에 적용할 실제적인 기도의 양에 대하여 나누어 보겠습니다. 성경은 몇시간 기도하는 것이 적절하다고 말씀하지는 않습니다. 그러나 따로 혼자서 기도하는 시간을 보내는 것은 성경의 여러 곳에 나옵니다. 예수님은 바쁜 사역 중에도 밀려오는 사람들을 피하여 따로 혼자 기도하였습니다.

그러므로 생활 속에서 항상 기도하더라도 반드시 따로 시간을 내어 기도해야 합니다. 믿는 사람들이 기도를 열심히 하라는 설교는 많이 듣지만 기도하는 시간에 대한 구체적인 지침은 받지 못하고 신앙생활을 하는 것이 일반적입니다. 그러므로 하루에 5분이나 10분 기도하는 사람도 자신이 적절히 기도 생활을 하고 있다고 간주하는 경향이 있습니다.

아침에 일어나서 비몽사몽간에 3분 기도하고, 식사기도 세 차례 잠깐 하고, 자기 전에 파자마 바람으로 5분 기도하는 것을 기도 생활로 여긴다는 것입니다. 이처럼 하루에 10분 기도하는 것은 기도하는 것이 아닙니다. 이렇게 기도하는 사람들을 위해 적절한 기도의 양을 구체적으로 제시하고자 합니다.

하루에 한 시간 이하를 기도하는 사람은 하루에 한 시간 기도하는 것을 목표로 하십시오. 아침에 기상한 후 삼십 분 동안, 잠자리에 들기 전에 삼십 분 동안 기도하십시오. 하루에 한 시간 정도 기도하는 것은 믿는 사람들의 최소한의 기도 양으로 권면합니다.

매일 한 시간 동안 기도하는 것이 습관화되면 기도의 양을 하루 두 시간까지 점점 늘리면 좋습니다. 하루 두세 차례 적절히 나누어 하십시오. 그 이상으로 기도를 하는 것은 성령의 감동을 따르면 되겠습니다.

이렇게 하는 것이 여러분이 기도하며 깨어 있는 것입니다. 시간이 없다고 하는 사람들은 TV를 보지 않고 잠을 줄이면 됩니다. 세상의 것을 함께 하면서 쉬지 않고 기도할 수 없습니다. 기도양이 적으면 성령 안에서 기도하기가 쉽지 않습니다. 기도의 양과 질은 비례합니다. 이 설교를 통하여 기도에 대한 도전을 받아 하루에 한두 시간씩 성령 안에서 깨어 기도하십시오.

여러분은 지금 마지막 때를 살고 있습니다. 우리 주 그리스도 예수께서 곧 오십니다. 그 날은 도둑처럼 임할 것이며 기도로 깨어 있지 않으면 주를 보지 못합니다. 그러므로 여러분의 자고 있는 영, 죽어 있는 영을 기도로 깨우십시오. 쉬지 않고 기도하는 자만이 그 날에 공중에서 주를 볼 것입니다.

4
말씀과 기도로 거룩하여짐이라

"모든 사람과 더불어 화평함과 거룩함을 따르라 이것이 없이는 아무
도 주를 보지 못하리라" (히브리서 12:14).
"하나님의 말씀과 기도로 거룩하여짐이라" (디모데전서 4:5).

　인간이 죽어서 갈 수 있는 곳은 두 곳입니다. 하나는 천국이고 하
나는 지옥입니다. 인간은 두 부류로 나뉩니다. 하나는 거룩한 사람
이고 하나는 거룩하지 않은 사람입니다. 거룩한 자들이 가는 곳이
천국이고 거룩하지 않은 자들이 가는 곳이 지옥입니다.

　진리는 단순하며 극단적입니다. 천국과 지옥의 중간은 없습니다.
세상의 일도 이러한 원리가 적용됩니다. 시험을 보면 합격과 불합격
중에 하나입니다. 자격증을 얻든가 못 얻든가 둘 중에 하나입니다.
다 가지든가 모두 잃는 것이 진리입니다. 그러므로 여러분도 거룩하
든지 거룩하지 않든지 둘 중에 하나입니다.

　여러분이 거룩한 삶을 살지 않는다고 생각하면 여러분은 거룩하
지 않은 것입니다. 그러한 상태로 죽으면 여러분의 영혼은 지옥을 갑
니다. 그러나 여러분 스스로 거룩한 삶을 산다고 여기면 마지막에 주
님이 판단할 것입니다. 스스로 생각하기에 부끄러움 없는 삶을 살았

다고 여겨도 나중에 주님이 어떻게 판단할지 모릅니다. 고린도전서 4장 4절을 보겠습니다.

"내가 자책할 아무 것도 깨닫지 못하나 이로 말미암아 의롭다 함을 얻지 못하노라 다만 나를 심판하실 이는 주시니라" (고전 4:4).

이 말씀은 스스로 거룩하다고 자신하여도 구원은 천국에 들어갈 때까지 알지 못한다는 것입니다. 하물며 스스로 거룩하지 않다는 것을 깨닫는다면 그 사람은 말할 것도 없는 것입니다. 이것이 성경이 가르치는 거룩이고 구원입니다.

성경은 인간의 구원에 대하여 여러 모양으로 말씀합니다. 주의 이름을 부르는 자는 구원받는다고 합니다. 주를 믿으면 구원받는다고 합니다. 물과 성령으로 거듭나야 구원받는다고 합니다. 계명을 지켜야 구원받는다고 합니다. 이러한 모든 조건을 한 마디로 표현한 것이 있습니다. 그것은 거룩해야 구원받는다는 것입니다.

거룩은 이 모든 구원의 조건을 망라한 것입니다. 그리하여 한 단어로 표현한 것입니다. 인간이 거룩해야 구원받을 수 있다고 성경이 말씀하는 이유는 아브라함의 하나님, 이삭의 하나님, 야곱의 하나님, 이스라엘의 하나님인 여호와께서 거룩하기 때문입니다. 교회가 거룩해야 구원받는 이유는 신랑 되신 예수 그리스도가 거룩하기 때문입니다.

땅에서의 결혼도 보통은 비슷한 수준의 사람끼리 합니다. 마찬가지로 거룩한 예수 그리스도의 신부는 거룩해야 합니다. 신부의 숫자가 중요하지 않습니다. 신부의 수가 아무리 적어지더라도 하나님은 거룩함의 표준을 낮추지 않습니다.

신부의 예복에는 점도 흠도 주름도 없어야 합니다. 신부의 예복은 옳은 행실입니다. 흠 없는 거룩한 삶을 살아가는 자들만 신부의 예복을 입게 됩니다. 인간이 구원받기 위한 거룩의 표준은 하나님입니다. 그러므로 하나님은 "내가 거룩하니 너희도 거룩하라"고 말씀한 것입니다.

하나님은 모세가 거룩하니 너희도 거룩하라고 말씀하지 않았습니다. 하나님은 사무엘이 거룩하니 너희도 거룩하라고 명령하지 않았습니다. 인간이 구원받기 위한 거룩함의 기준은 아브라함도 모세도 사무엘도 아닙니다. 인간이 하늘 나라로 들어가는 거룩함의 표본은 예수 그리스도입니다.

그리스도의 가르침대로 사는 자, 그리스도의 삶을 본받는 자가 거룩한 것입니다. 그들은 예수를 주라 부릅니다. 예수 그리스도의 이름으로 기도합니다. 예수를 사랑한다고 고백합니다.

본문 말씀 중 히브리서 12장 14절은 구원을 받기 위하여 거룩해야 하는 것을 매우 직접적이면서 간결하게 말씀하고 있습니다.

"모든 사람과 더불어 화평함과 거룩함을 따르라 이것이 없이는 아무도 주를 보지 못하리라" (히 12:14).

이 구절에서 이것은 거룩함을 지칭하는 것입니다. 거룩함이 없이는 그 누구도 주를 보지 못한다고 합니다. 이 말씀은 거룩함이 없이는 영혼이 천국에 가지 못한다는 뜻입니다. 거룩함이 없이는 주님 오실 때 들림 받지 못한다는 것입니다. 거룩함이 없이는 살아 있는 동안에도 영으로 주를 만나지 못한다는 것입니다.

하나님은 거룩한 손을 들어 찬양하라고 합니다. 거룩한 손은 거룩한 삶을 의미합니다. 평소에 거룩한 삶을 살면서 찬양하라는 것이며 그렇지 않으면 그 찬양은 하나님이 받지 않는다는 것입니다. 하나님은 그것이 무엇이든지 거룩하지 않은 것은 받지 않습니다.

우리는 하나님을 여러가지로 정의합니다. 하나님을 창조주이고 구원주라고 부릅니다. 하나님은 사랑이라고 말합니다. 하나님을 전지전능한 분이라고 정의합니다. 이 모든 것은 하나님의 본질과 특성에 대하여 모두 바르게 말한 것입니다.

이 모든 것이 하나님에 대하여 바르게 묘사하는 것은 사실이지만 하나님의 정체성을 한 마디로 말 할 수 있는 것이 있습니다. 그것은 거룩입니다. 하나님은 거룩 그 자체입니다. 그러므로 하나님은 거룩하지 않은 것은 아무 것도 받지 않습니다. 거룩하지 않은 것은 가까이할 수 없습니다. 그것이 사람이든 동물이든 물건이든 거룩하지 않은 것은 도무지 용납하지 않습니다.

그러므로 하나님의 임재 앞에서 모세는 신발을 벗어야 했습니다. 그러므로 거룩하지 않은 불을 가져온 아론의 두 아들이 죽었습니다. 그러므로 제사장들이 여호와께 거룩이라고 쓴 띠를 두릅니다. 그러므로 천년왕국에서는 말 방울에까지 여호와께 거룩이라고 기록되는 것입니다. 하나님이 이처럼 거룩할 진데 어찌 거룩하지 않은 인간들이 주를 볼 수 있겠습니까?

그리스도가 십자가에 죽으신 것은 인간들을 거룩하게 하기 위한 것입니다. 히브리서 13장 12절을 보겠습니다.

"그러므로 예수도 자기 피로써 백성을 거룩하게 하려고 성문 밖에서 고난을 받으셨느니라" (히 13:12).

다음은 골로새서 1장 22절을 보겠습니다.

"이제는 그의 육체의 죽음으로 말미암아 화목하게 하사 너희를 거룩하고 흠 없고 책망할 것이 없는 자로 그 앞에 세우고자 하셨으니" (골 1:22).

이 구절도 그리스도의 육체가 죽으신 이유가 인간을 거룩하게 하기 위한 것이라고 말씀합니다. 예수 그리스도는 인간이 거룩하지 않아도 구원받을 수 있도록 하기 위하여 십자가에 죽으신 것이 아닙니다. 그러나 사람들은 십자가가 모두 해결했으니 거룩할 필요가 없다는 듯이 살아갑니다. 예수 그리스도가 거룩을 십자가에 못박은 것으로 여기며 살고 있습니다.

어떻게 하나님처럼 거룩해질 수 있냐고 반문합니다. 어떻게 계명을 다 지키며 살 수 있느냐고 말합니다. 예수 그리스도가 인간의 죄를 대속하였으므로 계명을 지키지 않아도 구원받는 것으로 가르칩니다. 예수를 주로 영접한 적만 있으면 구원받은 것이라고 배웁니다. 이렇게 가르치고 배우는 자들의 삶이 거룩하겠습니까? 삶이 거룩하지 않은 자들이 주를 보겠습니까?

베드로전서 1장 2절을 보겠습니다.

"곧 하나님 아버지의 미리 아심을 따라 성령이 거룩하게 하심으로 순종함
과 예수 그리스도의 피 뿌림을 얻기 위하여 택하심을 받은 자들에게 편지
하노니 은혜와 평강이 너희에게 더욱 많을지어다"(벧전 1:2).

이 구절에는 두 가지 중요한 포인트가 있습니다. 하나는 인간이
거룩해지는 것을 성령이 돕는 것입니다. 다른 하나는 거룩한 자는 예
수 그리스도의 피 뿌림을 얻는다는 것입니다. 이 말씀은 다르게 표
현하면 거룩하게 되지 않은 사람에게는 그리스도의 피 뿌림이 소용
없다는 뜻입니다.

거룩하지 않은 사람은 그리스도의 피가 효력이 없다는 것입니다.
구원받지 못한다는 의미입니다. 그리스도가 흘린 피가 모든 믿는 자
들을 자동으로 구원하는 것이 아닙니다. 주님이 피 흘린 뜻을 깨닫
고 거룩해진 자에게만 보혈의 능력이 역사합니다.

성경에는 여러가지의 가르침이 있지만 창세기에서 요한계시록까
지 끊임없이, 일관되게, 꾸준히, 쉬지 않고, 지속적으로 가르치는 것
이 하나 있습니다. 그것은 거룩 하라는 것입니다. 이것 하나 가르치
려고 성경이 두꺼워졌습니다.

창세기 이래로 인간들이 도무지 거룩해지지 않으므로 계속 말씀하
다 보니 책이 두꺼워졌습니다. 인간들이 거룩하였으면 성경이 훨씬
얇을 것입니다. 왜 이렇게 두꺼운 성경으로 거룩함을 가르치는 것이
겠습니까? 그것은 인간들을 구원하기 위한 것입니다. 인간이 거룩해

지지 않으면 구원받지 못하므로 성경은 과거 삼천 오백 년 동안 일관되게 거룩하라고 가르치는 것입니다. 로마서 6장 22절을 보겠습니다.

"그러나 이제는 너희가 죄로부터 해방되고 하나님께 종이 되어 거룩함에 이르는 열매를 맺었으니 그 마지막은 영생이라" (롬 6:22).

거룩함의 열매를 맺은 자가 결국에 얻는 것이 영생입니다. 거룩한 자만 하늘 나라를 얻게 된다는 것입니다. 거룩함이 없이는 아무도 주를 보지 못한다고 말씀하는 것입니다.

지금까지는 거룩함의 중요성과 내가 거룩하니 너희도 거룩 하라는 말씀의 뜻에 대하여 상고해보았습니다.

이제부터는 성경에서 말씀하는 거룩하고 경건한 삶을 사는 것이 어떠한 것인지에 대하여 살펴보겠습니다. 거룩하다는 말은 히브리 말로 "콰도시" 라고 하는데 이 단어의 원래 뜻은 "구별되다" 입니다. 거룩이란 세상과 구별되는 것, 세상을 사랑하지 않는 것입니다.

거룩은 오래 기도하고 금식하는 것이 아닙니다. 성경을 오래 묵상하는 것이 거룩이 아닙니다. 말씀과 기도는 사람을 거룩하게 만드는 수단이지 그것 자체가 거룩은 아닙니다. 거룩은 TV를 보지 않는 것입니다. 인터넷으로 오락을 하지 않는 것, 세상 취미생활을 하지 않는 것이 거룩한 것입니다.

거룩은 술과 담배를 즐기지 않는 것입니다. 미니 스커트와 몸매가 드러나는 옷을 입지 않는 것입니다. 믿지 않는 자와 어울리지 않는 것이 거룩입니다. 세상 일로 잡담을 하거나 농담하지 않는 것이 거룩입니다. 좋은 옷, 좋는 차, 좋은 집에 관심이 없는 것이 거룩입니다. 돈을 목적으로 살지 않는 것, 재물을 사랑하지 않는 것이 거룩한 것입니다.

내가 거룩하니 너희도 거룩하라고 말씀하신 하나님이 원하는 거룩은 이러한 것들입니다. 세상과 완전히 구별되는 것입니다. 야고보서 1장 27절을 보겠습니다.

"하나님 아버지 앞에서 정결하고 더러움이 없는 경건은 곧 고아와 과부를 그 환난 중에 돌보고 또 자기를 지켜 세속에 물들지 아니하는 그것이니라" (약 1:27).

이 구절은 경건에 대한 정의를 잘 보여줍니다. 경건과 거룩은 같은 의미입니다. 어떤 사람이 경건하다고 하면 그 사람은 거룩한 삶을 살고 있는 것입니다. 그런데 야고보서 1장 27절에는 경건의 의미가 두 가지로 되어 있습니다. 그 두 가지가 합해져야 경건한 것입니다.

하나는 자기를 지켜 세속에 물들지 않는 것입니다. 이것은 조금 전에 설명한 세상과 구별되는 것을 뜻합니다. 다른 하나는 고아와 과부를 환난 중에 돌보는 것입니다. 고아와 과부는 가난한 자들입니다. 이들은 도움이 없이는 굶을 수밖에 없는 사람들인데 이들을 돕는 것이 거룩한 것입니다.

세상도 가난한 자를 약간은 도웁니다. 그러나 소유를 모두 팔아 돕는 사람은 많지 않습니다. 그러므로 소유를 팔아 가난한 자를 힘써 돕는 사람은 세상 사람들과 구별되는 사람입니다. 세상과 구별되므로 거룩한 것입니다. 다시 정리하면 거룩은 세상과 구별되고 환난과 궁핍 가운데 있는 자들을 돕는 것입니다. 이 두 가지가 합해져야 온전히 거룩한 것입니다.

원래의 세상은 거룩하였습니다. 하늘과 땅과 온 우주와 모든 피조물이 거룩하였습니다. 왜냐하면 거룩한 하나님이 창조하였기 때문입니다. 거룩한 하나님의 손길이 닿았기 때문입니다. 거룩한 하나님의 뜻이 담겨 있었기 때문입니다.

그러나 인간들은 하나님이 지은 거룩한 세상을 더럽혔습니다. 하나님이 홍수로 한 번 쓸어버렸지만 여전히 세상은 거룩하지 않으며 인간들은 경건하지 않습니다. 그럼에도 불구하고 하나님은 꾸준히 세상을 거룩하게 하였고 거룩함에 대하여 가르쳤습니다. 특별히 거룩한 것을 지정도 하였습니다.

하나님은 자신이 임재하는 곳을 거룩하게 하였습니다. 성전 안의 지성소는 하나님이 임재하는 곳입니다. 그러므로 아무도 들어가지 못하고 대제사장만 일 년에 한 번 들어가 본인과 백성들의 죄를 사함 받습니다. 그곳은 지극히 거룩한 대제사장이라도 스스로를 정결하게 하지 않고 들어가면 죽게 됩니다.

시내산의 불타는 떨기 나무 사이로 여호와가 말씀하였습니다. 네가 선 곳은 거룩한 땅이니 네 발에서 신을 벗으라고 명하였습니다. 그 땅은 장인 이드로의 양을 치기 위하여 모세가 항상 다니던 곳이었습니다. 신발을 신고 다니던 곳이었습니다. 거룩한 땅이 아니었습니다. 그러나 하나님이 임재하는 순간 그 땅은 거룩한 곳으로 바뀌었고 모세는 신발을 벗어야 했습니다. 이처럼 하나님은 자신의 임재가 있는 곳을 거룩하게 하였습니다.

하나님은 안식일을 거룩하게 하였습니다. 하나님은 천지를 창조하고 일곱째 날에 쉬었으므로 그 날을 거룩하게 하였습니다. 애굽에서 이스라엘을 구원한 것을 기억하며 안식일을 거룩하게 지키라고 하였습니다. 여호와는 인간을 거룩하게 하는 여호와임을 알게 하려고 안식일을 거룩하게 지키라고 하였습니다. 에스겔 20장 12절을 보겠습니다.

"또 내가 그들을 거룩하게 하는 여호와인 줄 알게 하려고 내 안식일을 주어 그들과 나 사이에 표징을 삼았노라" (겔 20:12).

땅에서의 안식은 하늘에서의 영원한 안식을 상징합니다. 그러므로 땅에서 안식일을 거룩하게 지키는 자가 영원한 안식으로 인도됩니다. 하나님은 인간을 구원하려고 안식일을 거룩한 날로 정하고 지키라고 한 것입니다.

하나님은 기름 부은 자들을 거룩하게 하였습니다. 출애굽기 28장 41절을 보겠습니다.

"너는 그것들로 네 형 아론과 그와 함께 한 그의 아들들에게 입히고 그들에게 기름을 부어 위임하고 거룩하게 하여 그들이 제사장 직분을 내게 행하게 할지며" (출 28:41).

하나님이 특정한 사람에게 기름을 붓는 이유는 하나님이 정한 거룩한 일을 감당하게 하기 위한 것입니다. 그러므로 주의 종들, 사도, 선지자, 목사들은 거룩함을 입은 것이며 거룩해야 합니다.

하나님은 예루살렘을 거룩하게 하였습니다. 이사야 52장 1절을 보겠습니다.

"시온이여 깰지어다 깰지어다 네 힘을 낼지어다 거룩한 성 예루살렘이여 네 아름다운 옷을 입을지어다…" (사 52:1).

성경에서 거룩한 성이라고 불리는 곳은 예루살렘 밖에 없습니다. 왜냐하면 예루살렘은 하나님의 성전이 세워진 곳이며 이스라엘의 왕들이 다스린 곳이기 때문입니다. 왜냐하면 왕 되신 예수 그리스도가 다스릴 성이며 하나님이 직접 통치할 천국의 모형이기 때문입니다. 그러므로 하나님은 예루살렘을 거룩하게 하였습니다.

하나님은 하나님의 말씀을 거룩하게 하였습니다. 예레미야 23장 9절을 보겠습니다.

"선지자들에 대한 말씀이라 내 마음이 상하며 내 모든 뼈가 떨리며 내가 취한 사람 같으며 포도주에 잡힌 사람 같으니 이는 여호와와 그 거룩한 말씀 때문이라" (렘 23:9).

다음은 로마서 7장 12절을 보겠습니다.

"이로 보건대 율법은 거룩하고 계명도 거룩하고 의로우며 선하도다" (롬

7:12).

이 두 구절은 하나님이 하신 모든 말씀과 모든 계명이 거룩하다고 합니다. 민수기 15장 40절을 보겠습니다.

"그리하여 너희가 내 모든 계명을 기억하고 행하면 너희의 하나님 앞에 거룩하리라" (민 15:40).

하나님의 모든 말씀과 계명이 거룩함으로 그것을 지켜 행할 때 그 사람은 거룩한 것입니다. 다르게 말하면 거룩한 사람은 모든 계명을 기억하고 행하는 사람입니다.

하나님은 절기들을 거룩하게 하였으며 희년을 거룩하게 하였습니다. 처음 태어난 아들을 거룩하게 하였습니다. 산 꼭대기 주위를 거룩하게 하였고 성전에 있는 모든 기물들을 거룩하게 하였습니다. 제사장이 입는 옷도 거룩하게 하였습니다.

하나님은 많은 것을 거룩하게 지었으나 인간들은 그러한 것을 모두 더럽히고 있습니다. 인간들은 음행으로 자신의 몸을 더럽히고 악한 생각으로 자신의 영혼을 더럽힙니다. 미움과 분냄과 다툼으로 형제를 더럽히고 전쟁과 살인으로 피를 흘려 땅을 더럽힙니다. 미혹되어 안식일을 더럽힙니다. 여호와의 이름을 더럽힙니다.

그럼에도 불구하고 긍휼과 자비의 하나님은 오래 참으십니다. 여호와는 여러분의 거룩하지 않음을 아직도 인내하고 있습니다. 그러나 하늘이 큰 소리로 떠나가고 체질이 뜨거운 불에 풀어지는 그 때에는 모든 거룩하지 않은 것들이 무릎을 꿇을 것입니다.

하나님은 인간이 거룩해지는 것을 도웁니다. 인간들이 성령의 도움 없이 거룩해지는 것이 어려운 것을 알고 성령을 보내줍니다. 하나님의 우편에 앉으신 예수 그리스도가 아버지로부터 성령을 받아 인간들에게 부어주어 경건하지 못한 인간을 경건하게 합니다. 그리하여 성령은 인간들이 말씀과 기도를 통하여 거룩해지는 것을 깨닫게 합니다. 본문 말씀 중 디모데전서 4장 5절을 보겠습니다.

"하나님의 말씀과 기도로 거룩하여짐이라" (딤전 4:5).

이 짧은 구절 안에 영혼 구원에 관한 강력한 메시지가 들어 있습니다. 이 네 단어 안에 구원의 비밀이 숨겨져 있습니다. 이 말씀을 지나치고 구원받을 자가 없습니다. 이 말씀은 너무 중요하여 짧게 쓰여 있습니다. 귀한 것은 부피가 크지 않습니다. 보석은 매우 작습니다. 이 두 개의 작은 보석을 놓치면 절망입니다. 그것은 말씀과 기도입니다.

여러분이 경건해지기로 결심하여도 말씀을 매일 충분히 먹지 않는다면 경건에 이르지 못합니다. 여러분이 거룩해지기를 간절히 소망하여도 기도를 쉬지 않고 하지 않는다면 거룩한 행실의 열매를 맺지 못합니다. 이 짧은 구절은 거룩에 이르기 위하여 다른 방법이 없다고 말씀합니다. 말씀과 기도 외에는 살 길이 없다는 것입니다.

말씀은 영혼의 양식이고 기도는 영혼의 호흡입니다. 육체가 음식을 먹지 않고 살 수 없듯이, 숨을 쉬지 않고 생명을 유지할 수 없듯이 여러분의 영혼은 말씀과 기도 없이 살아 있을 수 없습니다. 죽은 영혼이 가는 곳은 지옥입니다. 살아 있는 건강한 영혼이 가는 곳이 천국입니다.

이 두 가지는 인간의 영혼을 구원하는데 너무 중요하고 기본적이면서 절대적인 것입니다. 그러므로 양들의 영혼을 책임지는 주의 종들에게 요구되는 것도 이 두 가지가 전부입니다. 사도행전 6장 4절을 보겠습니다.

"우리는 오로지 기도하는 일과 말씀 사역에 힘쓰리라 하니" (행 6:4).

목사가 이 두 가지 일에 목숨을 걸지 않는다면, 이 두 가지 외의 다른 일에 힘을 쓰고 있다면 그 목사는 실패한 것입니다. 그 사람의 양들은 불쌍한 것입니다. 에스겔 44장 23절을 보겠습니다.

"내 백성에게 거룩한 것과 속된 것의 구별을 가르치며 부정한 것과 정한 것을 분별하게 할 것이며" (겔 44:23).

이것은 주의 종에게 당부한 말씀입니다. 주의 종의 첫째 역할이 거룩한 것과 거룩하지 않은 것을 구별하는 법을 가르치는 것입니다. 그러기 위하여 주의 종이 먼저 말씀과 기도로 거룩해지지 않으면 안 됩니다. 보통의 사람들에게도 말씀과 기도로 거룩해지라고 명령한다면 이러한 사람들을 가르쳐야 할 주의 종들은 얼마나 더 말씀과 기도에 힘써 거룩해져야 하겠습니까?

말씀을 묵상하는 이유는 말씀대로 살기 위한 것입니다. 머리에 성경 지식을 넣기 위한 것이 아닙니다. 디모데후서 3장 15절을 보겠습니다.

"또 어려서부터 성경을 알았나니 성경은 능히 너로 하여금 그리스도 예수 안에 있는 믿음으로 말미암아 구원에 이르는 지혜가 있게 하느니라" (딤후 3:15).

성경이 구원에 이르는 지혜를 알려준다는 것은 성경을 묵상하여 말씀대로 살게 되기 때문입니다. 말씀대로 행함으로써 거룩 해져서 구원받게 되는 것입니다. 성경을 묵상하지 않으면 구원에 이르지 못합니다.

그러므로 말씀 묵상이 얼마나 여러분에게 소중한 것인지는 구원이 얼마나 소중한 것인지와 같습니다. 여러분의 거룩함은 말씀을 먹는 양으로 결정됩니다. 말씀은 영의 양식으로 비유됩니다. 몸이 양식을 적절이 섭취하지 않으면 영양 부족으로 병이 걸리고 죽게 됩니다. 마찬가지로 말씀도 충분히 먹지 않으면 영이 약하여 지고 죽게 됩니다.

인간의 영혼이 육체보다 중요하다면 육체의 양식을 섭취하는데 소요되는 시간보다 영혼의 양식을 먹는데 시간을 더 들여야 합니다. 그렇게 하는 것이 논리적으로도 타당합니다.

어떤 사람은 하루에 10분, 20분 기도하면서 그것이 기도 생활을 잘 하는 것으로 생각합니다. 그러나 아침에 일어나서 5분, 밤에 자기 전에 10분 기도하는 것은 기도 생활이 아닙니다. 기도가 영혼의 호흡으로 비교되는 이유가 있습니다.

육체가 하루에 십분 숨 쉬고 살 수 없습니다. 호흡은 스물 네 시간 하는 것입니다. 마찬가지로 영혼의 호흡인 기도도 스물 네 시간 하는 것입니다. 성경이 그렇게 가르칩니다. 쉬지 않고 기도하라고 합니다. 영어로 "Always keep on praying"이라고 쓰여 있습니다. 이것을 번역하면 항상 기도를 계속하라는 것입니다. 계속 기도하라는 말 앞에 항상이라는 말이 붙어있습니다.

길을 가면서도 기도하고 운전하면서도 기도할 수 있습니다. 일을 하면서도 기도할 수 있습니다. 마음으로 말로 방언으로 기도할 수 있습니다. 따로 시간을 내어 기도해야 합니다. 아침에 깨어나서 가장 먼저 해야 하는 것은 기도입니다. 잠자리에 들기 전에 마지막으로 해야 하는 것도 기도입니다.

잠옷바람으로 침대에서 잠깐 기도하라는 뜻이 아닙니다. 골방에서 한 시간, 두 시간, 기도하라는 것입니다. 거룩함은 기도의 양에 비례합니다. 기도를 계속하지 않으면, 따로 시간을 내어 충분히 기도하지 않으면 성경이 왜 기도에 힘을 쓰라고 말씀하는지 이해하지 못합니다. 기도로 거룩해지는 것을 경험하지 못합니다.

지금은 주님이 겟세마네에서 한 것처럼 기도할 때입니다. "내 마음이 매우 고민하여 죽게 되었으니"라는 심정으로 기도할 때입니다. 그날 밤에 주님은 밤 늦게 세 시간을 기도하였습니다. 이렇게 하는 것이 마지막 때를 사는 사람들의 기도 모습이어야 합니다. 이렇게 기도하는 사람이 심판을 피하고 휴거 하는 것입니다.

여러분이 아직도 말씀과 기도는 없이 주님 오는 날만 기다린다면 실패할 것입니다. 말씀과 기도 외에 다른 것을 우선한다면 휴거가 일어나는 날에 남겨져 애곡할 것입니다. 여러분이 아직도 거룩하지 않은 채 남아 있다면 아마도 거룩해질 기회를 잃을 수도 있습니다. 왜냐하면 때가 너무 가깝기 때문입니다.

요한계시록 22장 11절, 12절을 보겠습니다.

"불의를 행하는 자는 그대로 불의를 행하고 더러운 자는 그대로 더럽고 의로운 자는 그대로 의를 행하고 거룩한 자는 그대로 거룩하게 하라" "보라 내가 속히 오리니 내가 줄 상이 내게 있어 각 사람에게 그가 행한 대로 갚아 주리라"(계 22:11-12).

아직까지도 불의와 더러운 것을 계속 행하는 자는 그대로 버려 둡니다. 심판의 날이 가까운 지금까지도 거룩하지 않은 자들은 돌아올 수 없습니다. 더 늦기 전에 의롭지 않은 것, 거룩하지 않은 모든 것으로부터 돌이키십시오. 그리하여 여호와의 맹렬한 진노의 심판을 받지 마십시오.

심판을 면하는 길은 거룩함 안으로 대피하는 것입니다. 그 대피소는 말씀과 기도로 지어 집니다. 말씀과 기도의 견고한 진을 쌓아 임박한 심판을 면하고 그 날에 모두 들림 받기를 지금 오고 계신 우리 주 예수 그리스도의 이름으로 축복합니다.

II
전도

5
회개하게 하는 기적

"많은 사람이 왔다가 말하되 요한은 아무 표적도 행하지 아니하였으나 요한이 이 사람을 가리켜 말한 것은 다 참이라 하더라" (요한복음 10:41).
"유월절에 예수께서 예루살렘에 계시니 많은 사람이 그의 행하시는 표적을 보고 그의 이름을 믿었으나" (요한복음 2:23).

성경 역사에서 가장 위대한 선지자로 인정을 받은 사람은 세례 요한입니다. 예수님은 세례 요한을 선지자보다 더 나은 자이고 여자가 낳은 자 중에 가장 큰 자라고 말씀하였습니다. 이 말씀을 미루어 보면 세례 요한이 얼마나 큰 인물인지 짐작할 수 있습니다. 마태복음 11장 9절에서 11절까지를 보겠습니다.

"그러면 너희가 어찌하여 나갔더냐 선지자를 보기 위함이었더냐 옳다 내가 너희에게 이르노니 선지자보다 더 나은 자니라" "기록된 바 보라 내가 내 사자를 네 앞에 보내노니 그가 네 길을 네 앞에 준비하리라 하신 것이 이 사람에 대한 말씀이니라" "내가 진실로 너희에게 말하노니 여자가 낳은 자 중에 세례 요한보다 큰 이가 일어남이 없도다 그러나 천국에서는 극히 작은 자라도 그보다 크니라" (마 11:9-11).

예수님이 요한을 이렇게 큰 인물로 평가한 이유가 있습니다. 그것은 요한이 다른 선지자들과 특별히 구별되는 것이 있기 때문입니다. 예수님이 사역을 시작하기 직전에 많은 사람들을 회개하게 함으로써 주님 오실 길을 예비하였기 때문입니다.

요한의 사역은 기간도 짧았으며 사역의 내용도 매우 단순했습니다. 요한은 예수님보다 6개월 먼저 태어났고 6개월 먼저 사역을 시작하였습니다. 그리고 예수님이 사역을 시작한지 오래되지 않아 옥에 갇혔습니다. 그러니 요한의 사역 기간은 1년 남짓 정도였을 것으로 추정할 수 있습니다.

요한의 사역 기간이 짧았던 이유는 주님 오실 길을 준비하는 자신의 사명을 단기간에 마쳤기 때문입니다. 그가 한 사역은 요단강에서 사람들에게 회개의 세례를 베푼 것이 전부였습니다. 그런 후 예수님은 흥하고 자신은 쇠하여야 할 것이라는 말을 남기고 감옥에 갇혔습니다. 그리고 목 베임 당하여 죽었습니다.

요한복음 3장 30절을 보겠습니다.

"그는 흥하여야 하겠고 나는 쇠하여야 하리라 하니라" (요 3:30).

요한은 짧은 기간 동안 사람들을 회개하게 한 일이 사역의 전부입니다. 그럼에도 불구하고 예수님이 가장 큰 자라고 평가를 한 배경에는 비록 짧은 기간 동안이었지만 많은 사람들을 회개하게 하였기 때문입니다. 요한의 가르침의 핵심은 회개하여 물로 세례를 받고 나중에 성령으로 세례를 베풀 예수를 믿으라는 것이었습니다.

마태복음 3장 11절과 사도행전 19장 4절을 보겠습니다.

"나는 너희로 회개하게 하기 위하여 물로 세례를 베풀거니와 내 뒤에 오시는 이는 나보다 능력이 많으시니 나는 그의 신을 들기도 감당하지 못하겠노라 그는 성령과 불로 너희에게 세례를 베푸실 것이요" (마 3:11).
"바울이 이르되 요한이 회개의 세례를 베풀며 백성에게 말하되 내 뒤에 오시는 이를 믿으라 하였으니 이는 곧 예수라 하거늘" (행 19:4).

이처럼 세례 요한은 회개하고 예수를 믿으라는 단순한 복음을 전하며 예루살렘과 유대지방 전역에 사는 모든 사람들에게 물로 세례를 베풀었습니다. 마가복음 1장 5절을 보겠습니다.

"온 유대 지방과 예루살렘 사람이 다 나아가 자기 죄를 자복하고 요단 강에서 그에게 세례를 받더라" (막 1:5).

이 구절은 온 유대와 예루살렘 사람이 다 나아가서 세례를 받았다고 말씀합니다. 여기서 주목하려는 단어는 "다 나아가" 입니다. 이 표현은 문자 그대로 바리새인과 서기관 등 종교 지도자들을 제외한 온 이스라엘 사람이 모두 다 회개하고 세례를 받은 것입니다.

이것은 역사 이래 가장 단 시간에 이룬 최고의 부흥일 것입니다. 이러한 큰 부흥이 요한을 통하여 이루어졌으니 예수님이 요한을 여자가 낳은 자 중에 가장 큰 자라고 칭찬할 만한 것입니다.

여기서 다시 지적하려는 것은 회개에 대한 설교의 중요성입니다.

회개하고 예수를 믿으라는 짧은 복음의 위대성은 아무리 강조하여도 지나치지 않습니다. 왜냐하면 회개하면 죄 사함을 받고 죽었던 영혼이 살아나기 때문입니다.

지옥 문 앞에 서 있던 자가 천국 문 앞으로 옮겨 지기 때문입니다. 그러므로 죽은 영혼이 다시 살아나는 회개의 사건은 죽었던 육체가 다시 살아나는 것보다 더 큰 기적이며 위대한 일이라고 할 수 있습니다.

예수님이 사역을 시작하면서 가장 먼저 한 설교는 회개하라는 것이었습니다. 세례 요한이 가장 먼저 한 설교도 회개하라는 것이었습니다. 열두 제자들도 가장 먼저 회개하라고 전하면서 사역을 시작하였습니다. 이 설교를 하고 있는 사람도 사역을 시작하면서 회개에 대한 설교를 가장 먼저 하였습니다.

가장 먼저 했다는 것은 가장 중요한 것이라는 의미가 있습니다. 회개하지 않으면 예수님이 우리의 죄를 위하여 십자가에 열두 번 못 박히어도 구원받지 못합니다. 그러니 회개가 얼마나 중요한 것입니까? 이처럼 중요하므로 요한은 회개의 세례를 베푼 일 하나로 최고의 선지자가 된 것입니다.

요한이 길을 닦아 놓자 예수님이 사역을 시작하였습니다. 예수님이 사역을 시작할 때에 이스라엘 사람들은 이미 회개의 세례를 받았고 예수님에 대하여도 알고 있었을 것입니다. 왜냐하면 요한이 이미 세례를 베풀며 예수를 믿으라고 전하였기 때문입니다.

그러므로 예수님의 주된 사역은 회개의 세례를 베푸는 것은 아니었습니다. 예수님도 회개의 설교를 하였고 제자들을 통하여 물로 세례를 베풀게 하였지만 예수님에 대한 사람들의 주된 관심은 다른 곳에 있었습니다. 그들은 예수님이 행한 여러가지 기적에 관심이 있었습니다. 본문 말씀인 요한복음 2장 23절을 보겠습니다.

"유월절에 예수께서 예루살렘에 계시니 많은 사람이 그의 행하시는 표적을 보고 그의 이름을 믿었으나" (요 2:23).

다음은 요한복음 6장 14절을 보겠습니다.

"그 사람들이 예수께서 행하신 이 표적을 보고 말하되 이는 참으로 세상에 오실 그 선지자라 하더라" (요 6:14).

사람들이 예수님이 행한 표적을 보고 믿었습니다. 사람들은 기적을 보면 믿습니다. 기적을 행하는 사람의 말을 믿고 그를 선지자나 구세주로 여깁니다. 이것이 기적의 위력입니다. 예수님이 기적을 많이 행한 이유가 여기에 있습니다. 기적은 가장 손쉽게 예수를 믿게 하는 방법이므로 하나님이 그러한 능력을 예수님에게 준 것입니다.

그리하여 예수님은 각종 질병을 고치고, 귀신을 쫓아내고, 문둥병자를 깨끗하게 하고, 눈 먼 자를 보게 하고, 앉은뱅이를 걷게 하고, 죽은 자를 살리고, 떡 다섯 개와 생선 두 마리로 수천 명을 먹이는 등 많은 기적을 행하였습니다. 예수님은 이러한 기적으로 그들의 육체를 구원하였고 동시에 예수를 믿게 하였습니다.

이상으로 살펴본 대로 요한의 사역과 예수님의 사역은 공통적으로 인간을 구원하기 위한 것이지만 주목하는 것에는 차이가 있습니다. 요한은 회개하게 하였고 예수님은 자신을 믿게 하였습니다.

이 두 가지는 구원의 본질입니다. 구원을 얻기 위하여는 이 두 가지 모두 있어야 하는데 먼저 회개를 하고 다음에 예수를 믿는 것입니다. 그러므로 주님의 길을 예비한 세례 요한이 먼저 사람들에게 회개의 세례를 주었고 예수님은 수많은 기적으로 자신을 믿게 한 것입니다.

초대 교회 시절 사도들도 기적을 행하였습니다. 사도행전 3장 6절에서 8절까지를 보겠습니다.

"베드로가 이르되 은과 금은 내게 없거니와 내게 있는 이것을 네게 주노니 나사렛 예수 그리스도의 이름으로 일어나 걸으라 하고" "오른손을 잡아 일으키니 발과 발목이 곧 힘을 얻고" "뛰어 서서 걸으며 그들과 함께 성전으로 들어가면서 걷기도 하고 뛰기도 하며 하나님을 찬송하니" (행 3:6-8).

베드로가 앉은뱅이를 걷게 하는 기적을 일으켰습니다. 다음은 사도행전 9장 41절, 42절을 보겠습니다.

"베드로가 손을 내밀어 일으키고 성도들과 과부들을 불러들여 그가 살아난 것을 보이니" "온 욥바 사람이 알고 많은 사람이 주를 믿더라" (행 9:41-42).

베드로가 죽은 자를 살리는 기적을 행하였습니다. 다음은 사도행전 20장 9절, 10절을 보겠습니다.

"유두고라 하는 청년이 창에 걸터 앉아 있다가 깊이 졸더니 바울이 강론하기를 더 오래 하매 졸음을 이기지 못하여 삼 층에서 떨어지거늘 일으켜 보니 죽었는지라" "바울이 내려가서 그 위에 엎드려 그 몸을 안고 말하되 떠들지 말라 생명이 그에게 있다 하고" (행 20:9-10).

바울이 죽은 자를 살리는 기적을 행하였습니다. 다음은 사도행전 19장 12절 말씀을 보겠습니다.

"심지어 사람들이 바울의 몸에서 손수건이나 앞치마를 가져다가 병든 사람에게 얹으면 그 병이 떠나고 악귀도 나가더라" (행 19:12).

이 구절은 그 당시에 사도들이 병고침의 기적을 얼마나 많이 행하였는 지를 단적으로 보여주는 말씀입니다. 이들이 기적을 많이 행할 수 있었던 배경도 예수를 믿게 하려는 것이었습니다. 기적을 행하면서 예수의 복음을 전하면 훨씬 더 잘 믿으므로 하나님이 사도들에게 그러한 능력을 준 것입니다.

초대교회와 현대교회 사이에는 특별히 다른 것이 하나 있습니다. 그것은 주의 종들의 능력입니다. 현대의 목사들이 초대 교회의 사도들보다 여러 면에서 능력이 없습니다. 기적을 행하지 못합니다. 성경이 가장 보편적으로 보여주는 기적이 눈에 보이는 난치병이나 불구인 사람을 즉시로 고치는 것입니다. 이러한 기적은 현대의 주의 종들을 통하여 거의 일어나지 않고 있습니다.

현대에도 치유의 은사를 가진 주의 종들이 치유를 위한 집회를 하면서 병을 고칩니다. 그러나 이러한 집회에서는 초대교회 때와 같은 모든 사람이 인정할 만한 눈에 보이는 기적은 일어나지 않습니다.

그러한 집회에서 병고침을 받았다고 여기는 사람도 있고 그것을 간증하는 사람들도 있습니다. 그들의 말이 모두 틀렸다고 하는 것은 아닙니다. 그러나 많은 경우 거짓 주의 종이 사람들을 속이는 수단으로 이용하고 있다는 사실을 유념해야 합니다.

거짓 목사의 기도로 실제로 치유가 일어나기도 하지만 그것은 거룩하지 않은 자들이 거짓 것을 믿게 버려 둔다는 말씀이 응하는 것입니다. 그러므로 자신이 어떤 목사의 기도로 치료를 받았거나 치료하는 것을 목격하였다고 치유한 사람을 무조건 믿지 않아야 합니다.

거짓 기적을 보이는 사람들 중에 세계적으로 이름이 알려진 대표적인 사람들이 미국의 베니 힌, 나이지리아의 티비 죠수아, 케냐의 데이빗 오워 등입니다. 한국에도 한 때 거짓 기적으로 이름을 날렸던 사람들이 있고 지금도 거짓 기적으로 활동하는 사람들이 있습니다.

기적은 믿지 않는 자들을 믿게 하기 위한 수단입니다. 그러나 거짓 교사들은 믿는 자들을 속이는 수단으로 기적을 사용합니다. 그들은 안수기도 하면서 사람을 밀어 쓰러뜨리기도 하고 회중 가운데 특정한 질병이 있는 사람을 예언하며 앞으로 불러내고 치유를 위한 기도를 합니다. 집회 중에 금가루가 떨어지기도 합니다.

이들이 사람을 밀어 넘어지게 하는 이유는 넘어지거나 누워있는 장면을 연출함으로써 자신이 능력 있는 사람으로 보이기 위한 것입니다. 사람을 미는 자체가 비인격적인 행위임에도 불구하고 속이기 위하여 그렇게 하는 것입니다. 그러니 기도하면서 미는 사람은 신뢰를 하지 마십시오.

회중 가운데 특정 질병이 있는 사람이 있다고 말하면 예언의 능력이 있는 것처럼 보일 것입니다. 그러나 이러한 예언은 아무나 할 수 있는 말입니다. 왜냐하면 해당 질병 있는 사람이 없어 앞으로 나오지 않는 경우도 많기 때문입니다. 이것도 능력을 거짓으로 연출하는 한 방편입니다.

그리고 하나님은 비싼 금가루를 아무데나 뿌리지 않을 것입니다. 기적을 아무 때나 일으키도록 하지 않습니다. 기적을 보고 예수를 믿을 사람이 있다면 기적을 허락할 것입니다. 그러나 그러한 집회에 불신자는 거의 오지 않습니다. 그런 곳에는 미혹된 크리스천들이 주로 옵니다. 그러니 계속 속으라고 금가루를 뿌리는 것입니다.

지금 말씀드린 것은 전형적인 거짓 치유, 거짓 기적의 예들입니다. 그러니 앞으로는 이러한 집회를 잘 분별하고 치유 집회나 예언 집회에는 가급적 가지 말 것을 당부합니다. 특히 그런 분야에 이름이 난 사람은 외국인이든 한국인이든 가까이하지 말 것을 당부합니다. 그들은 미혹하는 자들일 가능성이 매우 높습니다.

사탄도 기적을 통하여 사람들을 믿게 합니다. 이들이 기적을 일으키는 것도 하나님의 허락하여 이루어지는 것입니다. 사탄 스스로 기적을 행하는 능력은 없습니다. 데살로니가후서 2장 9절, 10절을 보겠습니다.

"악한 자의 나타남은 사탄의 활동을 따라 모든 능력과 표적과 거짓 기적
과" "불의의 모든 속임으로 멸망하는 자들에게 있으리니 이는 그들이 진
리의 사랑을 받지 아니하여 구원함을 받지 못함이라" (살후 2:9-10).

이 구절도 기적을 보면 사람들이 믿게 되는 것을 보여줍니다. 그런
데 여기서 믿게 되는 것은 예수가 아니라 사탄입니다. 이들은 실제로
사탄의 종인데 기적을 행하므로 사람들이 속아서 하나님의 종으로
믿는 것입니다.

마지막 때에 적그리스도를 믿게 하는 거짓 선지자도 기적을 일으
켜 사람들을 속입니다. 요한계시록 13장 13절, 14절을 보겠습니다.

"큰 이적을 행하되 심지어 사람들 앞에서 불이 하늘로부터 땅에 내려오게
하고" "짐승 앞에서 받은 바 이적을 행함으로 땅에 거하는 자들을 미혹하
며 땅에 거하는 자들에게 이르기를 칼에 상하였다가 살아난 짐승을 위하
여 우상을 만들라 하더라" (계 13:13-14).

거짓 선지자가 하늘에서 불이 내려오게 하는 기적을 행합니다. 선
지자 엘리야가 하늘에서 불이 내려오게 하는 기적을 일으켰으며 하
나님은 종종 하늘에서 불이 내려오게 하여 심판한 적이 있습니다. 그
러므로 하늘에서 불이 내려오게 하는 기적을 보면 안 믿을 사람이 없
을 것입니다.

이러한 성경의 예에서 보듯이 마지막 때에는 마귀들도 기적으로
미혹하여 사람들을 지옥으로 끌고 가려 합니다. 그러므로 기적을 행

하는 것을 볼 때에는 오히려 거짓 교사의 미혹이 아닌가 하는 의구심을 갖고 분별하는 것이 필요합니다.

하나님이 현대의 주의 종들을 통하여 행하는 기적이 전혀 없는 것은 아닙니다. 다만 참 주의 종이 행하는 참 기적이 흔하지 않다는 것입니다. 가난한 사람들이나 복음을 거의 접하지 않은 사람들의 집회에는 기적이 종종 일어납니다. 평소에는 기적을 행하지 못하던 평범한 주의 종이 오지에 선교를 가서 기적을 행합니다. 이것은 그들을 믿게 하려는 진짜 기적입니다. 나는 이러한 예를 여러 번 들은 적이 있습니다.

어떤 작은 교회의 한 목사는 기적을 종종 행하지만 외부에 소문이 나지 않도록 합니다. 소문이 나면 교인 수가 많이 늘어날 것임에도 자랑하지 않습니다. 이처럼 현대에도 하나님의 기적이 이루어지고는 있지만 초대교회와 비교할 때에 그 능력과 빈도에서 큰 차이가 있습니다.

현대의 교회가 초대교회 보다 기적이 희소해졌다는 가정하에서 그 원인을 살펴보겠습니다.

첫째, 현대 교회의 목사들의 능력이 초대교회의 사도들보다 약하기 때문입니다. 초대교회 시절에는 모든 사도들이 성령을 받았습니다. 능력은 성령을 받을 때 들어옵니다. 그러나 현대의 목사들은 상당수가 성령을 받지 않았습니다. 그러니 현대에는 병을 치유하거나 귀신을 내쫓는 능력과 기타 다른 기적의 능력이 잘 보이지 않습니다.

둘째, 현대에는 사람들이 예수를 알고도 믿지 않습니다. 성경은 이러한 사람들은 기적을 보아도 믿지 않는다고 말씀합니다. 그러므로 현대에는 초대교회 시절에 비하여 기적을 많이 보이지 않는 것입니다.

초대교회 시절에는 예수를 알지 못하는 사람이 대부분이었습니다. 알지도 못하는 사람을 믿게 하는 것이 쉬운 일이 아닙니다. 그러므로 사람들을 믿게 하려고 복음 전하는 자들에게 기적을 많이 행할 수 있게 한 것입니다.

그러나 현대 사람들은 예수를 모르는 사람이 거의 없습니다. 복음이 전혀 들어가지 않은 일부 지역을 제외하고 라디오와 신문을 접할 수 있는 사람이라면 예수에 대하여 알고 있습니다.

또한 크리스마스를 모르는 사람도 없을 것입니다. 현대의 대부분 사람들은 예수에 대하여 알고 있음에도 믿지 않는 것입니다. 그런데 알고도 믿지 않는 자들은 기적이나 증거를 보여주어도 믿지 않습니다. 누가복음 16장 27절에서 31절까지를 보겠습니다.

"이르되 그러면 아버지여 구하노니 나사로를 내 아버지의 집에 보내소서" "내 형제 다섯이 있으니 그들에게 증언하게 하여 그들로 이 고통받는 곳에 오지 않게 하소서" "아브라함이 이르되 그들에게 모세와 선지자들이 있으니 그들에게 들을지니라" "이르되 그렇지 아니하니이다 아버지 아브라함이여 만일 죽은 자에게서 그들에게 가는 자가 있으면 회개하리이다" "이르되 모세와 선지자들에게 듣지 아니하면 비록 죽은 자 가운데서 살아나는 자가 있을지라도 권함을 받지 아니하리라 하였다 하시니라" (눅 16:27-31).

죽어서 지옥을 간 부자가 자신의 형제들은 하나님을 잘 믿고 구원받을 수 있도록 천국에 있는 나사로를 보내 전도하게 해달라고 요청하였습니다. 그러자 모세와 선지자들에게 듣지 않으면 죽은 자가 살아나서 전도하여도 듣지 않을 것이라고 말씀합니다.

여기서 "모세와 선지자들에게 듣지 않으면"의 의미는 "성경을 보고도 믿지 않으면"이라는 의미입니다. "누군가 이미 전도하였는 데 듣지 않았다면"이라는 의미입니다. "예수가 누구인지를 알고도 믿지 않았다면"이라는 의미도 됩니다. 이러한 사람들은 죽었다가 살아난 사람의 말도 믿지 않을 것이고 그보다 더 큰 기적을 보아도 믿지 않을 것이라는 의미입니다.

현대에 기적을 행하는 능력이 별로 보이지 않는 이유가 바로 이것입니다. 예수를 이미 알고도 믿지 않는 사람들에게는 기적이 믿게 하는데 효과가 없습니다. 그러니 하나님도 주의 종들에게 기적 행하는 능력을 줄 이유가 적어진 것입니다.

오히려 마지막 때에는 믿는 자들을 속이기 위한 수단으로 기적이 사용됩니다. 그러므로 기적을 행하는 자들이 오히려 미혹하는 거짓 교사일 가능성이 높다는 사실을 유념해야 합니다. 예수님은 악한 세대가 표적을 구한다고 했습니다. 여러분은 표적을 구하지 않는 선한 세대가 되어야 할 것입니다.

기적 행하는 자를 찾기 보다는 스스로 기적 행하는 자가 될 것을 당부합니다. 기적 중에서도 가장 큰 기적을 행할 것을 당부합니다. 그것은 사람들을 회개하게 하는 것입니다. 이것은 하늘에서 불을 내리는 것보다 더 큰 기적입니다. 소경의 눈을 뜨게 하는 것보다 더 큰 기적입니다. 죄인을 회개하게 하는 것은 죽은 몸을 살리는 것 보다 더 큰 기적입니다. 왜냐하면 죽은 영혼을 살리는 것이기 때문입니다.

요한은 회개하게 하는 기적으로 주님 오실 길을 준비하였습니다. 지금 주님이 다시 오십니다. 여러분도 동일하게 복음을 전하며 사람들을 회개하게 하는 기적으로 주님 오실 길을 준비하십시오. 그리하여 여러분 모두 천국에서 요한보다 더 큰 자가 되기를 우리 주 예수 그리스도의 이름으로 축복합니다.

6
세례와 성찬의 의미

"요한이 요단 강 부근 각처에 와서 죄 사함을 받게 하는 회개의 세례를 전파하니" (누가복음 3:3).
"너희가 이 떡을 먹으며 이 잔을 마실 때마다 주의 죽으심을 그가 오실 때까지 전하는 것이니라" (고린도전서 11:26).

예수님이 사역을 시작할 때에 첫 외침이 "회개하라"였습니다. 승천하기 전 마지막으로 당부한 말씀이 "복음을 전하라"였습니다. 세상의 모든 일이 시작과 끝이 매우 중요합니다. 영화나 소설도 그렇게 만들어 집니다. 세상 일의 처음과 끝에 큰 의미를 두는 관습이 의미하는 바가 있듯이 주님의 첫 말씀과 마지막 말씀 에도 매우 중요한 의미가 있습니다.

회개하라는 것은 "너 구원 받아라"는 메시지입니다. 복음을 전하라는 것은 "다른 사람을 구원하라"는 명령입니다. 예수님이 사역 기간 내내 복음을 전하고 많이 가르쳤는데 그 모든 사역은 이 두 가지의 내용으로 함축됩니다. 네가 회개하여 먼저 구원받고 네가 구원받았으면 다른 영혼을 구원하면서 살다가 죽으라는 것입니다.

이 두 가지의 메시지는 교회의 가장 중요한 두 가지 예식인 세례식과 성찬식의 의미와 동일합니다. 세례식은 회개의 의식이며 성찬식은 전도와 관련된 의식입니다. 이 두 가지 중요한 예식이 예수님의 첫 설교와 마지막 설교에 관련된다는 사실을 깨닫는 것은 복입니다. 지금부터 이러한 복과 은혜를 여러분과 함께 나누겠습니다.

예수님이 회개하라고 말씀한 것은 회개하여 구원받으라는 의미입니다. 무엇보다도 본인이 구원받는 것이 하나님께도 당사자에게도 가장 중요한 일이므로 회개하라는 설교를 가장 먼저 한 것입니다.

예수님은 "나는 하나님의 아들이니 나를 따르라"든가 "하나님은 사랑이시다"라는 말을 먼저 하지 않았습니다. "나와서 내가 행하는 기적을 보라"고 하지 않았습니다. 회개하라고 하였습니다.

예수님은 우리의 죄를 대속하여 십자가에 죽으셨습니다. 그러나 인간이 회개하지 않으면 예수님이 백 번을 십자가에 못 박혀도 죄사함을 받지 못합니다. 그러므로 예수님 사역의 첫 외침이 회개하라는 것이었습니다.

회개는 자신이 죄인임을 깨닫고 그 죄를 뉘우쳐서 생각과 행동과 삶이 거룩하게 바뀌는 것입니다. 자신과 돈을 중심으로 살다가 그리스도 예수 중심으로 삶이 바뀌는 것이 회개에 합당한 열매를 맺는 것입니다.

요한은 광야에서 메뚜기와 꿀만 먹고 지내다가 삼십 세 즈음에 사역을 시작하였습니다. 그가 전한 첫 설교도 "회개하라 천국이 가까왔느니라"였습니다. 요한은 주의 길을 예비하는 사명을 받은 선지자였습니다. 그러므로 주님이 사역을 시작할 무렵까지 일년 여 동안의 짧은 기간 사역을 하고 옥에 갇혔다가 목 베임 당해 죽었습니다.

요한은 "그는 흥하여야 하겠고 나는 쇠하여야 하리라"고 말하였습니다. 이 말이 암시하듯 그는 주님의 사역을 위하여 요단강에서 많은 사람들을 세례 받게 한 후 얼마 지나지 않아 죽임당하였습니다.

요한의 사역은 짧은 기간 동안 회개하라고 외치며 사람들에게 세례를 받게 한 것이 전부입니다. 여자가 낳은 자 중에서 제일 크다고 한 요한이 한 일이 사람들에게 세례를 받게 한 것이 전부라는 사실이 세례식이 매우 중요하다는 것을 증거합니다.

세례는 단순히 물에 들어갔다가 나오는 의식 자체에 의미가 있는 것이 아닙니다. 세례식의 본질은 회개입니다. 그러므로 본문 말씀도 "회개의 세례"라고 표현한 것입니다.

회개가 얼마나 중요하면 회개하는 의식을 제정하였겠습니까? 세례를 받을 때에는 자신의 죄를 자복하고 다시는 그러한 죄를 짓지 않고 거룩한 삶을 살도록 다짐해야 합니다. 세례를 받은 후에는 실제로 그렇게 살아야 합니다.

마가복음 1장 5절을 보겠습니다.

"온 유대 지방과 예루살렘 사람이 다 나아가 자기 죄를 자복하고 요단 강에서 그에게 세례를 받더라" (막 1:5).

죄를 자복하는 자는 하나님이 불쌍히 여깁니다. 잠언 28장 13절을 보겠습니다.

"자기의 죄를 숨기는 자는 형통하지 못하나 죄를 자복하고 버리는 자는 불쌍히 여김을 받으리라" (잠 28:13).

하나님이 죄를 자복하고 회개하는 사람들을 불쌍히 여기어 베푸는 것이 죄를 사하는 것입니다. 시편 32편 5절을 보겠습니다.

"내가 이르기를 내 허물을 여호와께 자복하리라 하고 주께 내 죄를 아뢰고 내 죄악을 숨기지 아니하였더니 곧 주께서 내 죄악을 사하셨나이다" (시 32:5).

이것이 하늘에 계신 아버지와 땅에 있는 자녀의 기본적인 소통입니다. 아들은 죄를 자복하고 아버지는 용서하는 것입니다. 하나님은 의로우므로 죄를 미워하며 죄인과는 상관할 수 없습니다. 그러므로 예수님의 첫 말씀도 회개하여 죄 사함을 받으라는 것이었습니다. 회개하여 임박한 하나님의 진노와 심판을 피하라는 것이었습니다.

요한이 회개의 복음을 전하며 세례를 베풀 때에 회개하지 않고 세례도 받지 않은 사람들이 있었습니다. 그들은 바리새인과 사두개인들이었습니다. 그들은 당시의 지도자 계급이며 부자들이었습니다. 요한이 이들에게 하나님의 진노가 임박하였음을 경고하였습니다. 마태복음 3장 7절, 8절을 보겠습니다.

"요한이 많은 바리새인들과 사두개인들이 세례 베푸는 데로 오는 것을 보고 이르되 독사의 자식들아 누가 너희를 가르쳐 임박한 진노를 피하라 하더냐 "그러므로 회개에 합당한 열매를 맺고" (마 3:7-8).

죄를 자복할 뿐 아니라 그에 합당한 열매가 증거로 보여야 회개로 인정됩니다. 누가복음 19장 8절, 9절을 보겠습니다.

"삭개오가 서서 주께 여짜오되 주여 보시옵소서 내 소유의 절반을 가난한 자들에게 주겠사오며 만일 누구의 것을 속여 빼앗은 일이 있으면 네 갑절이나 갚겠나이다" "예수께서 이르시되 오늘 구원이 이 집에 이르렀으니 이 사람도 아브라함의 자손임이로다" (눅 19:8-9).

삭개오는 세리장으로 동족의 세금을 착취하던 사람이었습니다. 삭개오는 "앞으로는 그렇게 하지 않겠습니다"고 회개하지 않았습니다. 삭개오는 지은 죄에 합당한 열매로 착취한 것을 여러 배로 갚고 재산도 가난한 자들에게 나누어 주겠다고 하였습니다. 이것이 구원에 이르는 진정한 회개의 열매입니다. 그리하여 주님은 삭개오가 회개의 고백을 하자 말자 오늘 구원이 이 집에 이르렀다고 선포하였습니다.

지금까지는 세례식의 의미와 회개에 합당한 열매를 맺는 것이 어떤 뜻인지에 관하여 살펴보았습니다. 다음은 물로 받는 세례의 형식에 대하여 나누어 보겠습니다.

인류 최초의 세례는 이스라엘 백성이 홍해를 지나간 것입니다. 애굽의 군대가 쫓아올 때에 하나님은 이스라엘 백성을 구하기 위하여 바다 위로 걸어가는 기적을 베풀 수도 있었을 것입니다. 그러나 하나님은 그렇게 하지 않았습니다.

하나님은 바다를 가르고 그 사이를 지나가게 하였습니다. 요단 강을 건널 때도 마찬가지였습니다. 요단 강을 배 타고 건너게 하지 않았습니다. 요단 강물을 흐르지 않게 하고 걸어서 건너게 하였습니다.

요단 강을 건넌 백성은 홍해를 건너며 세례를 받은 사람들이 아니었습니다. 그들은 광야에서 태어난 2세들이므로 요단 강을 건너며 세례를 받게 한 것입니다. 이러한 사실에서 세례의 형식이 어떠해야 하는지 힌트를 얻을 수 있습니다.

물로 세례를 받는 것은 몸이 물 속에 완전히 잠기는 형식을 취해야 합니다. 물 속에 몸이 잠겼다가 나오는 것은 예전의 사람이 그리스도와 함께 죽어 장사 된 후에 새로운 사람으로 거듭나는 의미입니다. 그러므로 이러한 의미의 실감이 나는 형식을 취해야 합니다. 따라서 물 속에 잠길 때에도 앉거나 엎드리는 자세로 잠기지 않고 눕는 자세로 잠기는 것입니다.

많은 교회들이 물을 머리에 뿌리는 형식으로 세례를 하고 있습니다. 이것은 로만 가톨릭이 편법으로 하던 방식을 교회가 그대로 모방한 것입니다. 이러한 세례식은 틀린 것입니다. 세례식을 쉽고 편하게 하려는 것은 믿음 생활을 쉽고 편하게 하려는 영적인 나태함을 반영합니다.

주님도 물 속에 들어가서 세례를 받았습니다. 별로 깨끗하지도 않은 요단 강 물에 몸을 담구었습니다. 목사도 교인도 세례 받는 것에 게으르지 않아야 합니다. 한강으로 가든지 허드슨강으로 가서 세례를 받아야 할 것입니다. 수영장이나 자쿠지에서 할 수 있고 욕조에 물을 받아서 해도 됩니다.

실제로 큰 물통을 이용하여 세례식을 하는 교회들이 있습니다. 이들은 머리에 물을 뿌리는 것은 바른 세례 의식이 아닌 것을 깨달은 교회들입니다. 물을 머리에 뿌리며 세례를 주는 교회들의 또 다른 특징은 세례 받는 사람들에게 죄를 자백하게 하지 않는다는 것입니다.

이렇게 하는 것은 사람들의 구원을 훼방하는 것입니다. 세례는 받아도 회개는 하지 않게 하는 것입니다. 이러한 교회는 세례의 의미를 모르거나 가르치지 않는 것입니다. 그들의 세례식은 교인의 머리와 목사의 손에 물만 적시는 것입니다.

다음은 유아세례에 대하여 말씀드리겠습니다. 유아세례는 하지 않는 것이 옳습니다. 그 이유는 효력이 없기 때문입니다. 세례는 회개를 하는 것인데 갓난 아이가 어떻게 죄를 자복하겠습니까? 또한 어린 아이들은 세상에 나와서 지은 죄가 없습니다. 그러므로 죄를 자복 할 것이 없으니 세례를 받을 필요도 없습니다. 유아세례의 관습도 로만 가톨릭에서 온 것입니다.

유아세례는 장차 성인이 되어서 세례를 받지 않게 하려는 사탄의 간계가 숨어 있습니다. 교회는 유아세례를 받은 사람들에게 성인이 된 후에 다시 세례를 받을 필요가 없다고 가르치며 세례를 베풀지 않습니다. 교회는 유아세례를 받은 사람들은 성경에도 없는 학습이라는 것을 받게 합니다. 이것은 미혹입니다.

유아세례를 받고 성인이 되어 세례를 받지 않은 사람들은 다시 세례를 받을 것을 권면합니다. 그리고 자녀들에게 유아세례를 받게 한 사람은 그 자녀가 받은 세례는 효력도 의미도 없으므로 중학생 정도로 성장하면 다시 세례를 받게 하십시오.

16세기의 재침례 교도들에 대하여 나누어 보겠습니다. 영어로는 이들을 애너뱁티스트 (Anabaptist)라고 합니다. 애너뱁티스트는 다시 세례 받는 사람들이라는 의미입니다. 이들은 16세기 종교 혁명이 일어날 때를 전후하여 가장 신실한 신앙 공동체 중에 하나였습니다. 이들은 유아세례를 받은 사람들은 다시 세례를 받아야 한다고 가르친 사람들입니다. 그리하여 재침례교라는 이름이 붙여진 것입니다.

이들은 유아세례를 받은 사람은 세례의 효력이 없으므로 성인이 되어 다시 세례를 받아야 한다고 믿고 행한 사람들입니다. 이들은 그 당시의 로만 가톨릭에게도 박해를 받았으며 유아세례를 인정하는 기독교에게도 핍박을 받았습니다.

재침례교도들은 세례의 문제만 아니라 모든 삶에서 성경을 말씀 그대로 믿고 행하는 신실하고도 근본주의적인 신앙을 지키던 사람들이었습니다. 이들이 핍박과 죽임을 당하면서도 유아세례의 잘못됨과 다시 세례를 받아야 한다는 믿음을 지킨 것은 세례의 의미를 숨기고 성인이 되어도 세례를 받지 않게 하려는 미혹의 세력과 싸운 것입니다.

이러한 재침례교도에 대한 역사적 박해와 핍박이 오히려 바른 세례의 중요성을 증명하고 있습니다. 그들은 세례의 의미를 바르게 깨닫고 의식을 행하는 것이 목숨을 걸만큼 중요하다는 교훈을 사람들에게 물려준 것입니다.

다시 정리하면 머리에 물을 뿌리는 세례 의식과 유아세례는 잘못된 것이므로 받지 않아야 합니다. 또한 세례는 회개하여 새 사람으로 거듭나는 의미이므로 세례를 받을 때에는 죄를 자복하고 그 후의 삶이 회개의 열매를 맺어야 합니다.

이상으로 주님의 첫 명령인 회개하라는 말씀과 세례 의식의 관계에 대하여 살펴보았습니다. 다음은 주님이 마지막으로 당부한 전도와 성찬의식의 관계에 대하여 나누어 보겠습니다.

예수님이 십자가를 지기 전날에 제자들과 만찬을 하였습니다. 만찬 중에 주님은 떡을 떼어 축사하며 그 떡이 주님의 살이라고 하였습니다. 포도주는 주님이 흘릴 피라고 하였습니다. 그리고 모든 제자들이 떡과 포도주를 함께 나누었습니다.

고린도전서 11장 24절, 25절을 보겠습니다.

"축사하시고 떼어 이르시되 이것은 너희를 위하는 내 몸이니 이것을 행하여 나를 기념하라 하시고" "식후에 또한 그와 같이 잔을 가지시고 이르시되 이 잔은 내 피로 세운 새 언약이니 이것을 행하여 마실 때마다 나를 기념하라 하셨으니" (고전 11:24-25).

이 만찬은 주님이 죽기 전에 마지막으로 배 불리 잘 먹어야 하겠다고 한 것이 아닙니다. 주님을 떠나보내기 위한 송별의 의미를 가진 만찬도 아니었습니다. 이 만찬은 예수님이 제자들에게 자신이 죽은 후에도 자신의 죽음을 기념하는 의례를 가르쳐 주기 위한 것이었습니다.

그 의례의 방법은 모여서 함께 떡과 포도주를 나누는 것입니다. 이 의식은 믿는 자들이 둘 이상 모일 때에는 어디에서 라도 할 수 있습니다. 반드시 교회의 성찬식을 통하여 할 필요는 없습니다.

성찬식을 통하여 떡을 먹고 포도주를 마실 때에 여러분은 어떤 심정과 생각으로 하십니까? 주님이 십자가에서 몸이 찢기고 피 흘리고 죽으신 것을 생각하며 슬픈 마음이 들지는 않습니까? 주님이 흘린 피로 구원받게 된 것에 대한 감사의 마음이 들기도 할 것입니다.

자신의 죄를 돌아보고 회개하는 감동을 받기도 할 것입니다. 이러한 마음은 좋은 것이며 당연한 것입니다. 이것은 성령이 주는 감동입니다. 그러므로 성찬식 때 종종 우는 사람들을 볼 수 있는 것입니다.

그러나 만찬을 통하여 주님을 기념하라는 의미는 단지 심령의 감동을 받기 위하여 하라는 것은 아닙니다. 주님이 자신을 기억하라는 것은 자신이 피 흘려 죽으신 것을 전하라는 것입니다. 즉 전도하라는 것입니다. 본문의 두 번째 말씀을 다시 보겠습니다.

"너희가 이 떡을 먹으며 이 잔을 마실 때마다 주의 죽으심을 그가 오실 때까지 전하는 것이니라" (고전 11:26).

이 말씀은 성도들이 모여 함께 떡을 떼고 잔을 마시면서 복음을 전할 마음을 다지고 실천하라는 것입니다. 그런데 그 일을 주님이 다시 오는 날까지 쉬지 않고 하라는 것입니다. 그러므로 성찬식을 하며 다짐해야 하는 것은 디모데후서 4장 2절의 말씀입니다.

"너는 말씀을 전파하라 때를 얻든지 못 얻든지 항상 힘쓰라 범사에 오래 참음과 가르침으로 경책하며 경계하며 권하라" (딤후 4:2).

여기서 때를 얻든지 못 얻든지 항상이라는 말은 어디를 가든지, 어디에 있든지, 누구를 만나든지, 무엇을 하든지, 날이 맑든지 궂든지, 기분이 좋든지 나쁘든지, 몸이 건강하든지 약하든지 상관 말고 복음을 전하라는 것입니다. 그러므로 성찬식을 참여할 때마다 "전도해야하겠다"라는 다짐과 전도를 게을리한 것에 대한 회개가 있어야 할 것입니다.

예수 그리스도는 전도하러 이 땅에 오셨고 전도하다 죽었습니다. 그러므로 그리스도를 기억하거나 죽으신 것을 기념한다면 여러분도 전도의 삶을 살아야 합니다. 그렇게 하는 것이 주님이 우리를 위하여 십자가에 못박힌 것을 진심으로 기억하는 것입니다.

주님이 세상에 전한 가장 중요한 것이 회개와 전도입니다. 그 중에서 전도에 관하여는 제자들에게 성찬식을 통하여 죽기 전에 마지막으로 전한 것이며 승천하기 직전에도 마지막으로 남긴 말씀입니다.

그러나 회개와 전도에는 순서가 있습니다. 처음에 한 말씀이 회개였으며 끝에 한 말씀이 전도입니다. 여기에 순서가 있는 이유는 회개한 사람이 전도할 수 있기 때문입니다. 구원받은 자가 다른 영혼을 구원할 수 있습니다. 수영을 할 수 있는 사람이 물에 빠진 사람을 건져낼 수 있는 원리와 같습니다. 그러므로 회개한 사람은 반드시 전도하며 전도하는 사람은 회개한 사람입니다.

교회에서 세례를 받은 사람만 성찬식에 참여하라고 가르치는 이유는 세례가 회개하였다는 의미이기 때문입니다. 그러나 성경을 더 정확하게 적용하면 회개한 사람만 성찬식에 참여해야 합니다. 세례를 받았음에도 회개하지 않은 사람은 성찬식에 참여하지 않아야 하며 세례를 받지 않았음에도 회개하였다면 성찬식에 참여해도 됩니다.

고린도전서 11장 27절, 28절을 보겠습니다.

"그러므로 누구든지 주의 떡이나 잔을 합당하지 않게 먹고 마시는 자는 주의 몸과 피에 대하여 죄를 짓는 것이니라" "사람이 자기를 살피고 그 후에야 이 떡을 먹고 이 잔을 마실지니" (고전 11:27-28).

여기서 "합당하지 않게"라는 것은 죄가 있는 상태를 말하는 것입니다. 자기를 살핀 후에 먹고 마시라는 것은 죄를 회개한 후에 먹고 마시라는 것입니다. 이 말씀에도 중요한 포인트가 있습니다.

회개하지 않은 자는 전도의 의미를 가진 성찬식에 참여하지 말라는 것입니다. 이것은 조금 전에 말씀드린 대로 회개한 자가 전도할 수 있다는 원리에 부합하는 것입니다. 회개하지 않은 자는 예수의 죽으심을 전하게 되지 않습니다.

현대의 많은 교인들이 회개한 삶을 살고 있지 않다는 것은 하나님이 보기에 안타까운 일입니다. 이런 안타까운 심령으로 하나님이 베푼 큰 은혜가 있습니다. 그것은 성령을 보내 준 것입니다.

하나님은 인간들이 자신의 의지로 회개하여 거듭나기가 어려운 것을 알고 예수 그리스도를 통하여 성령을 보내 줍니다. 주님이 승천하면서 제자들에게 수 일 내로 성령으로 세례 받을 것을 약속하였습니다. 사도행전 1장 4절, 5절을 보겠습니다.

"사도와 함께 모이사 그들에게 분부하여 이르시되 예루살렘을 떠나지 말고 내게서 들은 바 아버지께서 약속하신 것을 기다리라" "요한은 물로 세례를 베풀었으나 너희는 몇 날이 못되어 성령으로 세례를 받으리라 하셨느니라" (행 1:4-5).

주님이 승천한 후 열흘 만인 오순절에 모여 기도하던 사람들이 성령으로 세례를 받았습니다. 성령을 받는 것은 회개한 증거이며 회개한 사람은 전도합니다. 그리하여 그들은 복음을 전하러 예루살렘, 유대, 사마리아와 땅 끝까지 갔습니다.

세례식과 성찬식은 회개하고 복음을 전하라는 예식입니다. 회개와 전도를 당부한 주님이 곧 오십니다. 주님 오시는 길을 준비해야 합니다. 여러분 모두 회개하여 거룩한 삶을 살면서 한 영혼이라도 더 구원하는 전도에 힘쓰기를 그리스도 예수의 이름으로 축원합니다.

7
그리스도의 아름다운
덕을 선포하라

"그러나 너희는 택하신 족속이요 왕 같은 제사장들이요 거룩한 나라
요 그의 소유가 된 백성이니 이는 너희를 어두운 데서 불러 내어 그
의 기이한 빛에 들어가게 하신 이의 아름다운 덕을 선포하게 하려 하
심이라" (베드로전서 2:9).

누군가가 여러분에게 "당신은 모세나 사무엘 같습니다"라고 말하
면 어떻게 반응하겠습니까? 누군가가 "당신은 왕 같은 제사장처럼
보입니다"라고 하면 어떤 반응을 하겠습니까? "아멘! 감사합니다"
는 대답이 자연스럽게 나오겠습니까?

본문의 말씀은 믿는 사람의 신분을 잘 묘사하고 있으며 믿는 사
람들은 모두 왕 같은 제사장이라는 말에 아멘으로 대답할 수 있다
는 것을 계시하고 있습니다. 그러나 이러한 믿는 자들의 신분을 본
인에게 적용할 때 아멘으로 받지 못할 수도 있습니다.

왜냐하면 믿는 자들의 신분이 본문 말씀과 조화되기 위해서는 그
들이 해야 할 사명이 있는데 그 사명에 부합하지 못하면 아멘이 나
오지 않는 것입니다. 설교 가운데서 그 사명을 발견하고 행하게 됨으

로써 본문에 언급된 믿는 자들의 아름다운 신분이 여러분 모두에게 잘 어울리게 되기를 주님의 이름으로 축복합니다.

본문 말씀은 하나님을 믿는 사람의 신분이 얼마나 대단하고 놀랄 만한 것인지를 네 가지로 보여주고 있습니다.

첫째, 믿는 사람들은 하나님이 택한 족속입니다. 세상의 왕은 총리나 관리를 택합니다. 왕비도 택합니다. 이러한 왕의 택함을 받은 사람은 영광스럽게 생각하며 왕으로 택함을 받았다는 이유로 다른 사람도 존귀하게 여깁니다.

세상의 왕에게 택함을 받아도 이처럼 영광과 존귀를 누린다면 하나님으로부터 택함을 받은 사람들은 얼마나 더 영광과 존귀를 누리겠습니까? 성경은 청함을 받은 자는 많은데 택함을 입은 자는 적다고 말씀합니다. 마태복음 22장 4절과 14절을 보겠습니다.

"다시 다른 종들을 보내며 이르되 청한 사람들에게 이르기를 내가 오찬을 준비하되 나의 소와 살진 짐승을 잡고 모든 것을 갖추었으니 혼인 잔치에 오소서 하라 하였더니" (마 22:4).
"청함을 받은 자는 많되 택함을 입은 자는 적으니라" (마 22:14).

믿는 자는 택함을 입은 자에 속합니다. 그리고 그 수는 적다고 하였습니다. 믿는 자들은 하나님이 택한 적은 수에 포함되는 매우 귀한 신분입니다.

둘째, 믿는 자들은 왕 같은 제사장들입니다. 세상에서 가장 높고 귀한 두 자리가 왕과 제사장입니다. 왕은 모든 권력과 권세를 가지

고 국가를 다스립니다. 모든 백성이 그의 말에 복종합니다. 왕에게
는 누구도 거역하거나 저항할 수 없습니다. 살리고 죽이는 것이 왕
의 손에 달려 있습니다.

제사장은 하나님의 대리인입니다. 모든 제사를 주관하고 대표합
니다. 하나님의 말씀으로 왕에게 조언합니다. 그러므로 세상 왕도 제
사장을 존중하고 귀하게 여깁니다. 이 두 가지 지위를 함께 가질 수
있는 분은 그리스도 예수 밖에 없습니다. 세상의 왕이 제사장 직을
겸할 때에 하나님이 벌합니다.

사울 왕이 그 죄로 인하여 왕좌에서 쫓겨났습니다. 웃시야 왕이
직접 제사를 주관하다가 문둥병이 걸려 왕위를 내려 놓고 평생 궁전
뒷방에 격리되어 살았습니다. 왕과 제사장을 겸하는 것은 그리스도
외에는 인정되지 않음에도 불구하고 하나님은 믿는 사람들을 왕 같
은 제사장이라고 불러 줍니다.

셋째, 믿는 사람들은 거룩한 나라입니다. 하나님은 "내가 거룩하
니 너희도 거룩하라"고 말씀하였습니다. 하나님은 인간을 자신의 이
미지로 지었습니다. 그러므로 인간들도 거룩해질 수 있으며 거룩해
야 한다고 명령한 것입니다.

거룩하지 않으면 하나님 나라를 볼 수 없기 때문에 한 말씀입니
다. 그러나 본문 말씀은 믿는 사람들을 거룩한 나라라고 합니다. 거
룩함의 의미는 세상과 구별된다는 것이므로 믿는 사람들은 이미 세
상과 구별되게 하였다는 것입니다. 그러한 사람들이 모여서 나라를
이루고 있다는 것입니다.

넷째, 믿는 사람들은 하나님의 소유가 된 백성입니다. 누군가의 소

유가 되면 다른 사람이 소유권을 주장하거나 뺏을 수 없습니다. 집 문서를 소유하면 그 집은 다른 사람이 소유권을 주장하지 못합니다. 그런데 믿는 사람들은 하나님이 소유입니다. 최고의 권세와 부와 능력을 가진 완벽한 주인의 소유입니다. 그러므로 음부의 권세가 빼앗지 못합니다.

이상으로 살펴본 하나님을 믿는 사람들의 신분을 다시 정리를 하면 첫째, 하나님이 택한 사람입니다. 둘째, 왕 같은 제사장입니다. 셋째, 거룩한 사람입니다. 넷째, 하나님의 소유가 된 사람입니다. 이것이 믿는 사람들의 신분이며 위상입니다.

하나님이 믿는 자의 신분을 이처럼 대단하게 인정하는 이유가 있습니다. 그 이유를 설명하기 위하여는 본문의 말씀 중에 주목해야 할 단어가 하나 있습니다. 그것은 본문의 중간에 나오는 "이는"이라는 단어입니다. 다시 한번 본문 말씀을 보겠습니다.

"그러나 너희는 택하신 족속이요 왕 같은 제사장들이요 거룩한 나라요 그의 소유가 된 백성이니 이는 너희를 어두운 데서 불러 내어 그의 기이한 빛에 들어가게 하신 이의 아름다운 덕을 선포하게 하려 하심이라" (벧전 2:9).

여기서 "이는"이라는 단어는 "이렇게 하신 이유는"이라는 뜻입니다. 믿는 사람들을 왕 같은 제사장과 거룩한 백성으로 인정하는 이유가 있습니다. 그것은 우리를 어두운 데서 불러내어 그의 기이한 빛에 들어가신 이의 덕을 선포하게 하기 위한 것입니다.

우리를 어두운 데서 불러내어 그의 기이한 빛에 들어가게 하신 이는 예수 그리스도입니다. 즉 예수 그리스도의 아름다운 덕을 선포한다는 전제 하에 믿는 사람들을 그렇게 존귀하게 부르는 것입니다.

다시 말씀하면 그리스도의 아름다운 덕을 선포하지 않는 사람은 하나님이 선택한 백성이 아닙니다. 왕 같은 제사장으로 삼지 않습니다. 본문은 두 부류의 믿는 자들이 있다는 것을 묵시적으로 말씀합니다. 그리스도의 아름다운 덕을 선포하는 사람과 선포하지 않는 사람입니다.

선포해야 할 그리스도의 아름다운 덕은 그리스도의 탁월함과 위대함을 의미합니다. 그리스도가 높임을 받고 찬양 받을 분이라는 것을 뜻합니다. 그리스도가 만 왕의 왕이라는 것입니다. 그리스도가 구원주라는 것입니다.

예수 그리스도는 우리를 어두운 곳에서, 사망의 음침한 골짜기에서, 종살이하던 애굽에서, 음부의 권세 아래서 불러냈습니다. 그리고 빛으로, 생명으로, 가나안으로, 천국으로 들어가게 하였습니다.

어두운 데서 불러내어 빛으로 들어가게 하실 때 그 빛은 보통의 빛이 아닙니다. 그 빛은 그리스도의 기이한 빛입니다. 그 빛은 천국에서 빛나는 하나님의 영광입니다. 요한계시록 21장 23절, 24절을 보겠습니다.

"그 성은 해나 달의 비침이 쓸 데 없으니 이는 하나님의 영광이 비치고 어린 양이 그 등불이 되심이라" "만국이 그 빛 가운데로 다니고 땅의 왕들이 자기 영광을 가지고 그리로 들어가리라" (계 21:23-24).

그 성은 천국입니다. 하나님의 영광의 빛과 어린 양 예수 그리스도의 빛만 있는 곳입니다. 그리스도의 아름다운 덕으로 인해 여러분을 이러한 빛 가운데로 들어가게 합니다.

그렇다면 이러한 예수 그리스도의 아름다운 덕을 선포하는 것은 어떤 의미인지 살펴보겠습니다.

첫째, 그리스도의 아름다운 덕을 선포하는 것은 예수 그리스도의 복음을 전하는 것입니다. 예수 그리스도가 구원 주이며 심판 주이므로 믿고 구원받을 것을 전하는 것입니다. 예수 그리스도가 높임을 받을 분이고 찬양을 받을 분이라는 것을 전하는 것입니다. 그리스도가 만 왕의 왕이라는 것을 전하는 것입니다.

그리스도가 십자가에서 피 흘려 죽으신 것과 하나님이 다시 그를 살린 것을 전하는 것입니다. 그리스도가 곧 다시 오시므로 그 길을 준비할 것을 전하는 것입니다. 이것이 그리스도의 아름다운 덕을 선포하는 것입니다.

둘째, 그리스도의 아름다운 덕을 선포한다는 것은 거룩한 삶을 사는 것입니다. 입으로 선포하는 것만 선포가 아닙니다. 믿는 사람들은 삶으로 더욱 강한 메시지를 전할 수 있습니다. 세상과 구별되게 사는 것입니다. 돈을 사랑하지 않는 것입니다. 궁핍한 자를 힘써 돕는 것입니다. 세상 오락을 하지 않는 것입니다.

이러한 삶이 거룩한 삶이며 그리스도의 향기가 되고 편지가 되는 삶입니다. 이러한 삶을 살 때 여러분 스스로가 세상의 빛, 기이한 빛이 되어 어둠에 있는 자들을 빛으로 인도합니다.

그리스도의 아름다운 덕을 선포하는 두 가지의 의미를 다시 정리하면 하나는 복음을 전하는 것이며 다른 하나는 거룩한 삶을 사는 것입니다. 이러한 삶을 살 때에 택한 족속, 거룩한 백성, 왕 같은 제사장, 그의 소유가 된 백성이라는 말씀이 효력을 발휘합니다.

본문의 말씀은 믿는 자들의 위상과 신분을 매우 고귀하게 표현합니다. 그러나 이 말씀의 핵심은 믿는 사람들의 신분에 관한 것은 아닙니다. 믿는 자들의 사명에 관한 것입니다. 그 사명은 그리스도의 아름다운 덕을 선포하는 것입니다.

하나님이 애굽에서 종살이하던 이스라엘 백성을 구원한 것은 예수 그리스도를 세상에 보내어 인류를 구원하실 것의 예표였습니다. 출애굽기 12장 5절, 7절, 13절을 보겠습니다.

"너희 어린 양은 흠 없고 일 년 된 수컷으로 하되 양이나 염소 중에서 취하고" (출 12:5).
"그 피를 양을 먹을 집 좌우 문설주와 인방에 바르고" (출 12:7).
"내가 애굽 땅을 칠 때에 그 피가 너희가 사는 집에 있어서 너희를 위하여 표적이 될지라 내가 피를 볼 때에 너희를 넘어가리니 재앙이 너희에게 내려 멸하지 아니하리라" (출 12:13).

흠 없는 어린 양은 예수 그리스도를 상징합니다. 양의 피를 바른 집만 재앙을 면하였습니다. 그리고 지옥 같던 애굽에서 나오게 되었습니다. 이 때에 사람들에게 재앙을 면하게 할 수 있었던 것은 어린 양의 피밖에 없었습니다.

돈이 재앙을 피하게 하지 못했습니다. 권력이 재앙을 피하게 하지 못했습니다. 오직 어린 양의 피를 문설주에 바르고 구원받았습니다. 삼천 오백 년 전에 어린 양의 피로 애굽에서 구원의 역사를 이룬 하나님이 이 세대에는 예수 그리스도의 피로 우리를 구원합니다.

에스겔 9장 4절에서 6절까지를 보겠습니다.

"여호와께서 이르시되 너는 예루살렘 성읍 중에 순행하여 그 가운데에서 행하는 모든 가증한 일로 말미암아 탄식하며 우는 자의 이마에 표를 그리라 하시고" "그들에 대하여 내 귀에 이르시되 너희는 그를 따라 성읍 중에 다니며 불쌍히 여기지 말며 긍휼을 베풀지 말고 쳐서" "늙은 자와 젊은 자와 처녀와 어린이와 여자를 다 죽이되 이마에 표 있는 자에게는 가까이하지 말라 내 성소에서 시작할지니라 하시매 그들이 성전 앞에 있는 늙은 자들로부터 시작하더라" (겔 9:4-6).

이 구절에서 말씀하는 이마의 표가 어린 양의 표이며 그리스도의 피입니다. 이마에 표 있는 자들을 제외하고 모두 죽임을 당합니다. 이 표를 받은 자들은 특별한 사람들입니다. 예루살렘의 가증한 죄로 말미암아 탄식하며 우는 자들이었습니다.

죽임을 당한 사람들과 살아남은 사람들의 차이는 회개한 것과 회개하지 않은 것의 차이입니다. 거룩한 것과 거룩하지 않은 것의 차이입니다. 이마에 표를 받은 것과 받지 않은 것의 차이입니다. 회개하여 거룩해진 사람은 이마에 구원의 표를 받습니다. 예수의 피로 인침을 받습니다. 회개와 거룩과 예수의 피는 하나입니다.

그리스도의 피가 그리스도의 가장 아름다운 덕입니다. 그 아름다운 덕을 선포한다는 것은 그리스도의 피의 능력을 선포하는 것입니다. 그리스도가 피 흘려 죽으심을 땅 끝까지 전하는 것입니다. 고린도전서 11장 26절을 보겠습니다.

"너희가 이 떡을 먹으며 이 잔을 마실 때마다 주의 죽으심을 그가 오실 때까지 전하는 것이니라" (고전 11:26).

나의 이마에만 피를 바르지 않고 다른 사람의 이마에도 피를 발라 주는 것이 그의 아름다운 덕을 선포하는 것입니다. 믿는 자들이 존귀하게 여김을 받기 위해서는 이러한 조건과 자격이 필요합니다.

한 때는 짐승의 피로도 사람이 구원받았습니다. 짐승의 피로도 사람이 구원받았다면 하나님의 독생자 예수 그리스도의 피는 얼마나 더 구원의 능력이 있겠습니까? 히브리서 9장 13절 14절을 보겠습니다.

"염소와 황소의 피와 및 암송아지의 재를 부정한 자에게 뿌려 그 육체를 정결하게 하여 거룩하게 하거든" "하물며 영원하신 성령으로 말미암아 흠 없는 자기를 하나님께 드린 그리스도의 피가 어찌 너희 양심을 죽은 행실에서 깨끗하게 하고 살아 계신 하나님을 섬기게 하지 못하겠느냐" (히 9:13-14).

그리스도는 여러분을 어두운 데서 불러내어 그의 기이한 빛에 들어가게 하려고 십자가에 피 흘려 죽었습니다. 찔리고 상하고 징계받고 채찍에 맞았습니다. 그 때에 흘린 예수의 피로 우리는 구원받습니다.

어린 양의 피로 인침을 받은 교회는 예수님이 곧 오는 것을 믿는 교회입니다. 주님 오는 길을 준비하는 교회입니다. 깨끗한 세마포로 단장하여 신랑 맞이할 준비를 하는 교회입니다. 슬기로운 처녀들처럼 기름을 충분히 준비하는 교회입니다. 그리하여 들림 받는 교회입니다.

주님이 곧 오십니다. 여러분은 휴거의 세대를 살고 있습니다. 이제 여러분의 재산이 소용없습니다. 명예가 소용없습니다. 학벌이 소용없습니다. 사업 잘 되는 것이 소용없습니다. 미국 영주권이 소용없습니다. 자녀가 공부를 잘하는 것이 소용없습니다. 여러분이 미혼인지, 기혼이지, 재혼인지, 이혼인지 상관없습니다.

지금 여러분에게 소용 있는 것, 상관 있는 것은 단 한 가지입니다. 그것은 예수의 피입니다. 그러니 이제 피 흘려 죽으신 예수를 전파하십시오. 그리스도의 아름다운 덕을 선포하십시오. 그리하여 마지막 날에 그의 기이한 빛 안으로 들림 받으십시오.

8
일터에서
하나님의 영광을 나타내라

"눈이 손더러 내가 너를 쓸 데가 없다 하거나 또한 머리가 발더러 내가 너를 쓸 데가 없다 하지 못하리라" "그뿐 아니라 더 약하게 보이는 몸의 지체가 도리어 요긴하고" "우리가 몸의 덜 귀히 여기는 그것들을 더욱 귀한 것들로 입혀 주며 우리의 아름답지 못한 지체는 더욱 아름다운 것을 얻느니라 그런즉" "우리의 아름다운 지체는 그럴 필요가 없느니라 오직 하나님이 몸을 고르게 하여 부족한 지체에게 귀중함을 더하사" "몸 가운데서 분쟁이 없고 오직 여러 지체가 서로 같이 돌보게 하셨느니라" (고린도전서 12:21-25).

사람들은 직업을 선택할 때에 여러가지 사항을 고려합니다. 그 중에 가장 중요한 두 가지는 아마도 수입과 적성일 것입니다. 돈을 가능한 많이 벌 수 있고 자신이 하고 싶은 일인지를 우선적으로 고려합니다. 그러므로 어떤 사람은 직업을 먼저 염두하고 그에 맞는 대학교 전공을 선택합니다. 특히 전문직을 원하는 사람은 정해진 분야를 반드시 공부해야 하므로 그렇게 합니다.

예를 들어 의사가 되려면 대학에서 반드시 의학을 공부해야 합니다. 자격증 시험이 요구되기도 합니다. 그리하여 자신의 전문 분야인

의사라는 직업을 갖게 됩니다. 그리고 이러한 직종을 전문직이라고 분류합니다.

그러나 회사를 경영하는 자격을 얻기 위하여 반드시 경영학을 공부할 필요는 없습니다. 경영학 분야에 지식이 있으면 회사 경영에 유익이 있을지라도 세무서에서 사업 허가를 줄 때에 경영학 수료증을 요구하지는 않습니다. 또한 식당을 운영하기 위하여 반드시 요리 학교 졸업장이 필요하지도 않습니다. 이것이 일반 직종과 전문 직종의 다른 점입니다.

사람들은 보통 전문직을 선호하는 경향이 있습니다. 그 이유는 다른 직종에 비하여 수입이 높고 평판도 좋기 때문입니다. 그렇다면 전문직이 다른 직종에 비하여 더 귀한 직업이겠습니까? 물론 그렇지 않습니다.

세상 사람들도 직업에는 귀천이 없다는 말을 합니다. 그런데 이 말은 매우 성경적입니다. 성경은 사람의 신체 부위가 모두 소중한 것을 말씀합니다. 그것을 교회 안의 성도들이 모두 중요하다는 비유로 말씀합니다. 본문 말씀을 다시 보겠습니다.

"눈이 손더러 내가 너를 쓸 데가 없다 하거나 또한 머리가 발더러 내가 너를 쓸 데가 없다 하지 못하리라" "그뿐 아니라 더 약하게 보이는 몸의 지체가 도리어 요긴하고" "우리가 몸의 덜 귀히 여기는 그것들을 더욱 귀한 것들로 입혀 주며 우리의 아름답지 못한 지체는 더욱 아름다운 것을 얻느니라 그런즉" "우리의 아름다운 지체는 그럴 필요가 없느니라 오직 하나님이 몸을 고르게 하여 부족한 지체에게 귀중함을 더하사" "몸 가운데서 분쟁이 없고 오직 여러 지체가 서로 같이 돌보게 하셨느니라"(고전 12:21-25).

사람의 몸을 구성하는 신체 부위가 모두 소중한 것처럼, 교회 안의 지체가 모두 소중한 것처럼, 사회를 구성하는 사람들의 직업도 모두 동일하게 소중합니다. 오히려 부족한 지체에게 귀중함을 더 한다고 말씀합니다. 이 말씀을 세상의 직업에 비유하면 궂은 일에 종사하는 사람이 더 귀중하다는 의미입니다.

세상을 깨끗하게 하는 직업이 환경 미화원들입니다. 이 사람들이 없다면 우리는 매우 더러운 환경에서 살아야 할 것입니다. 그러므로 이 직종은 귀한 것입니다. 성경은 청소와 같은 궂은 일에 종사하는 것이 흰 와이셔츠 입고 사무일을 하는 것보다 더 귀하다고 말씀하는 것입니다. 사무직을 낮게 평가하려는 것은 아닙니다. 하나님은 평가 기준이 인간들과 다르다는 것을 말씀하는 것입니다.

사람마다 직업에 대한 철학이 다릅니다. 사람들의 지적 능력이나 관심 등에도 차이가 있습니다. 또한 사회는 다양한 종류의 일을 요구합니다. 그러므로 세상에는 참으로 많은 종류의 직업이 있는데 직업이 이렇게 많은 것도 하나님의 섭리입니다.

모두 의사이면 집은 누가 짓겠습니까? 모두 목수이면 농사는 누가 하겠으며 모두 농부이면 물고기 잡는 일은 누가 하겠습니까? 의사는 목수와 농부에게 신세를 지고 있으며 목수는 의사가 없으면 병을 고칠 수 없습니다. 그러니 직업에는 귀천이 없고 각자의 소질과 소양에 따라 일을 하여 자신과 가족의 먹을 것을 벌고 사회에 기여도 하는 것입니다.

성경이 이러한 원리를 신체의 부위를 비유로 말씀하는 것을 보겠습니다. 고린도전서 12장 15절에서 18절까지를 보겠습니다.

"만일 발이 이르되 나는 손이 아니니 몸에 붙지 아니하였다 할지라도 이로써 몸에 붙지 아니한 것이 아니요" "또 귀가 이르되 나는 눈이 아니니 몸에 붙지 아니하였다 할지라도 이로써 몸에 붙지 아니한 것이 아니니" "만일 온 몸이 눈이면 듣는 곳은 어디며 온 몸이 듣는 곳이면 냄새 맡는 곳은 어디냐" "그러나 이제 하나님이 그 원하시는 대로 지체를 각각 몸에 두셨으니" (고전 12:15-18).

매우 적절하고 좋은 비유의 말씀입니다. 이 말씀이 세상의 수많은 직업을 가진 사람들에게 그대로 적용됩니다. 그러니 지금 이 설교를 듣는 사람들은 어떤 직종에서 어떤 일을 하든지 성경이 금하는 일만 아니라면 하나님이 주신 귀한 일로 여기고 감사하는 마음으로 성실히 하기 바랍니다. 세상이 궂은 일이라고 평가하는 일을 하는 분들은 더욱 큰 용기와 은혜를 받기를 축복합니다.

지금까지 하나님이 세상에 다양한 직업을 만들고 일을 하게 하는 섭리에 대하여 살펴보았습니다. 그리고 직업에는 귀천이 없고 오히려 사람들이 천하다고 여기는 일이 하나님은 더 귀한 일이라고 말씀한다는 것을 신체의 부위를 비유로 풀어보았습니다.

지금부터는 믿는 사람들이 직업을 선택하는 지혜에 대하여 나누어 보겠습니다. 하나님은 인간에게 자유의지를 주었으므로 각자가

원하는 직업을 선택하는 것을 크게 간섭하지 않을 것입니다. 그 직업이 죄가 되거나 하나님이 기뻐하지 않을 종류만 아니라면 그러할 것입니다.

그러나 경우에 따라서는 하나님이 특별한 일을 하도록 인도하기도 합니다. 대표적인 경우가 주의 종으로 부른 경우입니다. 이러한 부름을 받은 사람은 다른 일을 하도록 허락하지 않습니다. 주의 종으로 부름을 받은 사람은 보통은 순종하여 기꺼이 그 길을 가지만 그렇지 않은 경우도 있습니다.

하나님은 모세를 이스라엘 백성을 애굽에서 해방시키는 지도자로 불렀습니다. 그러나 모세는 이를 거절하려고 했습니다. 요나는 니느웨 성의 멸망을 예언하라는 하나님의 말씀을 듣지 않고 도망하였습니다.

이처럼 하나님이 자신의 일을 위하여 특별히 부름을 받은 사람들도 종종 순종을 하지 않으려고 합니다. 그러나 하나님은 결국 그 사명을 감당하도록 합니다. 모세에게 한 것처럼 기적을 보이거나 설득을 하여서라도 순종하게 하고 요나처럼 바다에 빠져 죽을 뻔한 시험을 통하여서도 반드시 자신의 종으로 들어 씁니다.

이처럼 특별한 하나님의 부르심이 아니라면 사람들은 자신의 적성과 능력 등을 고려하여 원하는 직업을 선택할 수 있습니다. 그러나 어떤 사람은 특별한 직업으로 인도되기도 합니다. 이러한 경우가 흔한 것은 아니지만 중간에 획기적인 직업의 변화를 도모하는 사람들이 종종 이에 해당합니다.

뉴욕의 한 한국인 택시 기사는 공인회계사였는데 전도를 더 많이 할 수 있는 직업을 생각하던 중 맨하튼의 택시 기사가 되었다고 합니다. 이 사람은 미국인이든 한국인이든 세계 어느 나라 사람이든 상관하지 않고 택시를 타는 승객마다 전도합니다.

뉴저지의 한 부동산 중개인은 전도를 가장 많이 할 수 있는 직업을 고려하여 부동산 중개인이 되었다고 합니다. 이 사람의 목적은 전도이지 돈을 버는 것이 아닙니다. 그럼에도 불구하고 손님들이 많아서 실적이 좋습니다. 이 사람은 하나님이 전도하라고 사람들을 많이 보내준다고 말합니다. 이 사람은 전도를 하려고 손님에게 최선을 다한다고 합니다.

18세기 영국의 한 살롱 주인은 예수를 믿고 성령을 받은 후에 살롱 문을 닫았습니다. 그리고 살롱 주인에서 신발 수선공으로 변신하였습니다. 이 사람은 술 장사하던 것을 회개하고 전도를 많이 할 수 있는 직업을 찾다가 신발 수선공이 되었습니다. 기다리는 손님에게 신발을 고쳐주며 복음을 전하는 것입니다.

이상으로 예를 든 세 사람은 성령께서 특별한 직업으로 인도한 것입니다. 그리고 이 세 사람의 특징은 먼저 하나님의 나라와 의를 구하였지 스스로 여기기에 좋은 직장, 적성에 맞는 직업을 구한 것이 아닙니다.

이것이 바로 믿는 사람들이 직업을 택할 때에 고려해야 하는 것입니다. 직업이 하나님의 영광을 나타내는 도구가 되어야 합니다. 이미 소개한 세 사람처럼 전도의 수단으로 직업을 선택하지는 않을지라도 자신의 일터에서 그리스도의 향기를 뿜어내야 합니다. 전도해야 합니다. 전도할 수 없는 직업은 없습니다.

어떤 한 믿는 사람이 미국의 편의점인 세븐 일레븐에서 캐셔로 일을 하게 되었습니다. 이 사람은 캐셔는 전도하기 어려운 직업이라고 생각하였습니다. 그러나 일을 시작한지 한 달 정도 지나면서 여러 사람들에게 복음을 전할 수 있었다고 합니다. 왜냐하면 손님들의 대부분이 거의 매일 오는 단골이어서 얼굴이 익어가고 친밀하게 되어 감에 따라 자연스럽게 예수를 전할 수 있었다고 합니다.

서울 시청에 근무하는 한 공무원은 하루 세 번 기도를 하기 위하여 오후에는 화장실에서 기도하였다고 합니다. 그리고 자신이 승진하여 독방을 가진다면 방 안에 기도실을 만들겠다고 하나님께 약속을 하면서 화장실에서 기도하는 것을 용서해달라고 하였다고 합니다. 그리고 이 사람은 승진한 후에 실제로 방의 한 구석에 의자 하나 놓을 만한 공간의 기도실을 만들어 하나님과의 약속을 지켰습니다.

이 사람은 행정고시 수석 합격하였고 일도 매우 잘 하는 사람입니다. 미국 현지 연구원 자격으로 2년간 미국에서 거주를 한 적이 있습니다. 이렇게 미국에 파견하는 것은 직원에게 포상을 주는 의미가 있습니다. 보통은 매일 특정한 기관에 출근을 해야 하는 것이 미국 파견 공무원의 직무입니다.

그러나 이 사람은 한 달에 한 두 번 간단한 보고서만 한국에 보내면 되는 쉬운 일을 하게 되었습니다. 매일 특정한 곳에 출근할 필요도 없었습니다. 이 사람은 미국에서 2년 동안 체류하면서 어떤 교회를 섬기며 거의 하나님의 일만 하고 왔다고 합니다.

하나님을 영화롭게 하는 자에게 주신 하나님의 포상이었습니다. 서울 시청에서 준 포상보다 훨씬 큰 상이었습니다. 이 사람은 주변의 모든 사람에게 예수 그리스도의 아름다운 향기가 되었고 하나님을 영화롭게 하는 삶을 직장 안에서 보여주었습니다.

어떤 한 사람은 미국에서 신학교를 다니며 부동산 중개인으로 일하였습니다. 이 사람은 주로 사무실 안에서 일을 하였는데 동료 직원 몇 사람을 성경을 가르치기도 하였습니다. 약 일 년 정도 사무실에서 학교 숙제도 하고 일도 하면서 동료 중개인들을 전도하였습니다. 그러는 가운데 회사의 분위기가 바뀌었습니다.

직원들이 사무실 안에서 함께 식사를 하는 경우가 점점 많아졌고 식사 중에는 주로 믿음에 관한 이야기들을 하였습니다. 그리고 그 사람에게 성경을 배운 사람들의 삶이 조금씩 바뀌었습니다. 직장 내에서 할렐루야로 인사를 하는 사람들도 생겼습니다. 서로 믿음 안에서 더욱 친밀 해졌습니다. 그 중에서도 대표적인 변화는 직원들이 술을 점점 마시지 않게 된 것입니다.

회사 사장은 매우 빈번히 직원들을 불러 술을 마시는 사람이었습니다. 그러나 언제부터 인가 직원들이 술 자리를 멀리하는 것을 알게 되었습니다. 그리고 그 이유가 그 신학생 직원 때문이라는 것도 알게 되었습니다. 그리고 그 사람이 회사 내에서 직원들에게 존중을 받고 있는 것도 알게 되었습니다.

그리하여 그 사장은 어느 날 트집을 잡아 그 신학생 직원을 내쫓았습니다. 그런데 아이러니 하게도 이 사장은 예수를 믿는 사람이었습니다. 술을 즐기는 거듭나지 않은 크리스천이었던 것입니다.

이 신학생은 불과 일 년 만에 수십 명의 직원이 일하는 부동산 회사 전체의 분위기를 바꾸어 버렸습니다. 사람들에게 성경을 가르쳤고 삶을 거룩하게 변화시켰습니다. 이런 일을 이유로 직장에서 쫓겨나는 것은 예수 때문에 핍박을 받는 것이니 부끄러운 일이 아니라 영광이 되는 것입니다.

이상으로 하나님의 영광을 위하여 일을 하고 직업을 선택하는 여러가지 예들을 살펴보았습니다. 이들의 직업은 다양합니다. 캐셔 같이 단순한 직업도 있고 택시 기사도 있습니다. 행정고시에 합격한 공무원도 있습니다. 부동산 중개인도 있습니다. 술집을 하던 사람도 있고 신학생도 있습니다. 이렇게 다양한 직업의 사람들이 직장에서 하나님의 나라와 의를 먼저 구하였습니다.

이러한 예는 여러분이 어떤 일에 종사를 하든지 여러분의 일터에서 예수를 드러낼 수 있고 전도할 수 있다는 것을 보여주는 것입니다. 직업을 선택하는 것은 매우 중요한 일입니다. 그러므로 새로운 직업을 찾는 사람은 하나님의 인도를 받아야 합니다. 하나님의 인도를 받기 위하여는 자신의 의지와 소견을 내려놓고 하나님께 물어야 합니다.

그러할 때에 하나님이 직장을 보여줍니다. 그런데 보여주는 직업이 자신이 원하지 않는 것일 수도 있습니다. 매우 고단하고 궂은 일일 수도 있습니다. 악한 상사를 만날 수도 있습니다. 하나님이 이렇게 하신다면 그 이유는 직장을 통하여 여러분의 자아를 부인하고 권위에 순종하는 훈련을 시키려는 것입니다.

어떤 사람은 이미 그러한 직장에서 훈련을 받고 있습니다. 그런데 본인은 그 사실을 깨닫지 못하고 그 직장을 벗어나려는 생각만 합니다. 더 좋은 직장에 대한 꿈을 계속 키우며 스스로 그 일을 임시직이나 아르바이트로 생각합니다. 그러나 하나님이 옮겨 줄 때까지 그 직장은 평생 직장이어야 합니다.

단기 아르바이트로 여기는 그 일이 실제로 평생 직업이 될 수 있습니다. 왜냐하면 오늘 밤에 그 사람의 영혼이 어떻게 될지 모르기 때문입니다. 카페의 캐셔로 일을 시작하였고 웨이터로 일을 시작하였는데 매니저로 승진을 하고 본사의 간부로 승진하면서 평생직장이 될 수 있습니다.

성인이 되었음에도 더 좋은 직장을 구하려고 공부하느라 일을 하지 않는 것, 직업을 가질 수 있음에도 성에 차지 않는 일이라고 여겨 일을 하지 않고 지내는 것은 세상 사람들의 문화이고 관습입니다.

지금은 마지막 때이고 언제라도 주님이 오십니다. 주님 오실 길을 준비할 시간은 있어도 더 좋은 직업을 준비할 시간은 없습니다. 믿는 사람에게는 어떤 직장을 가지는지 보다 어느 직장이든지 예수를 드러내고 복음을 전하는 것이 중요합니다. 사람들이 천하게 여기는 것이 더욱 소중하다고 하신 성경말씀을 기억해야 할 것입니다.

계속하여 이상적인 직장을 구하거나 더 좋은 대우를 해 주는 직장으로 옮길 궁리를 해야 할지, 아니면 베드로와 안드레처럼 그물을 내려 놓고 예수를 따를지, 야고보와 요한처럼 아버지를 배에 남겨두고 예수를 따라갈지를 성령께 물어야 합니다. 마가복음 1장 16절에서 20절까지를 보겠습니다.

"갈릴리 해변으로 지나가시다가 시몬과 그 형제 안드레가 바다에 그물 던지는 것을 보시니 그들은 어부라" "예수께서 이르시되 나를 따라오라 내가 너희로 사람을 낚는 어부가 되게 하리라 하시니" "곧 그물을 버려 두고 따르니라" "조금 더 가시다가 세베대의 아들 야고보와 그 형제 요한을 보시니 그들도 배에 있어 그물을 깁는데" "곧 부르시니 그 아버지 세베대를 품꾼들과 함께 배에 버려 두고 예수를 따라가니라" (막 1:16-20).

알패오의 아들 레위는 안정된 고수입의 세무 공무원 자리를 버리고 주를 따랐습니다. 마가복음 2장 14절을 보겠습니다.

"또 지나가시다가 알패오의 아들 레위가 세관에 앉아 있는 것을 보시고 그에게 이르시되 나를 따르라 하시니 일어나 따르니라" (막 2:14).

바울은 성령을 받은 후 가족들과 상의하지 않고 즉시 예수의 복음을 전하는 자가 되었습니다. 갈라디아서 1장 16절, 17절을 보겠습니다.

"그의 아들을 이방에 전하기 위하여 그를 내 속에 나타내시기를 기뻐하셨을 때에 내가 곧 혈육과 의논하지 아니하고" "또 나보다 먼저 사도 된 자들을 만나려고 예루살렘으로 가지 아니하고 아라비아로 갔다가 다시 다메섹으로 돌아갔노라" (갈 1:16-17).

예수님은 가족들과 작별 인사할 틈도 없이 주를 따르라고 하였습니다. 누가복음 9장 61절, 62절을 보겠습니다.

"또 다른 사람이 이르되 주여 내가 주를 따르겠나이다마는 나로 먼저 내 가족을 작별하게 허락하소서" "예수께서 이르시되 손에 쟁기를 잡고 뒤를 돌아보는 자는 하나님의 나라에 합당하지 아니하니라 하시니라"(눅 9:61-62).

어떤 사람에게는 아버지 장사 지내는 일도 하지 말고 속히 복음을 전할 것을 명했습니다. 누가복음 9장 59절, 60절을 보겠습니다.

"또 다른 사람에게 나를 따르라 하시니 그가 이르되 나로 먼저 가서 내 아버지를 장사하게 허락하옵소서" "이르시되 죽은 자들로 자기의 죽은 자들을 장사하게 하고 너는 가서 하나님의 나라를 전파하라 하시고"(눅 9:59-60).

여러분에게는 주님이 무엇을 하라고 말씀합니까? 여러분은 지금 신앙 생활과 직업에 관하여 부모나 형제와 상의하고 있습니까? 스스로 판단을 하고 있습니까? 집안 일과 개인적인 문제가 걸림돌이 되고 있습니까? 하나님께 여쭈어야 합니다. 성령이 인도할 것입니다.
여러분 중에는 세상 일보다는 하나님의 일만 하고 싶은 소망이 있음에도 경제적인 이유 때문에 그렇게 행하지 못하는 사람들이 있을 것입니다. 이러한 사람들에게 권면합니다. 우선 하나님의 일만 하고 싶은 마음을 가지게 된 것은 귀한 일이고 하나님이 기뻐할 일이라는 것을 말씀드립니다. 그것은 성령이 주신 감동입니다. 그렇다면 먹고 입는 것도 하나님이 책임을 질 것이라는 믿음을 가져야 합니다.

예수님이 전도 여행을 하고 온 제자들이 돌아왔을 때에 부족한 것이 있었느냐고 물었습니다. 그러자 제자들은 부족한 것이 없었다고 대답하였습니다. 하나님의 일을 하는 사람은 하나님이 먹이고 입힌다는 것은 예수님의 제자에게만 해당하는 말씀이 아닙니다. 모든 사람에게 해당하는 말씀이며 누구든지 쉽게 경험할 수 있습니다. 여러분이 하나님의 일에 전적으로 헌신하는 것은 믿음의 문제이지 돈의 문제가 아닙니다.

하나님은 마지막 때에 추수할 일꾼들이 많이 필요하다고 말씀합니다. 요한복음 4장 35절과 누가복음 10장 2절을 보겠습니다.

"너희는 넉 달이 지나야 추수할 때가 이르겠다 하지 아니하느냐 그러나 나는 너희에게 이르노니 너희 눈을 들어 밭을 보라 희어져 추수하게 되었도다" (요 4:35).
"이르시되 추수할 것은 많되 일꾼이 적으니 그러므로 추수하는 주인에게 청하여 추수할 일꾼들을 보내 주소서 하라" (눅 10:2).

밭이 하얗게 무르익었는데 추수할 일꾼이 없습니다. 마지막 때에 풀타임으로 하나님의 일을 할 사람이 많이 필요합니다. 그러니 "제가 하나님께 쓰임 받을 수 있는 직업으로 인도하여 주옵소서" 하고 기도를 하십시오. 이렇게 기도하는 것이 "근무 조건이 좋은 직장에 입사할 수 있게 해주세요" 하고 기도하는 것 보다 더 나은 기도입니다.

믿는 사람에게는 직업의 귀천이 없고 직업은 생계의 수단도 아닙니다. 믿는 사람에게 직업은 하나님의 영광을 나타내는 도구입니다. 여러분이 실업자로 한동안 지냈더니 굶었습니까? 겨울 코트를 입을 수 없었습니까?

더 좋은 직장을 찾지 못하여 고민하는 것은 더 좋은 것을 먹고 싶어 근심하는 것과 같습니다. 이스라엘 백성이 이렇게 하다가 광야에서 망했습니다. 지금의 직업이 무엇이든지 하나님이 주신 것입니다. 그렇다며 그 직업에 만족하지 않는 것은 이스라엘 백성이 만나와 메추리 고기에 만족하지 않는 죄와 동일한 죄를 짓는 것입니다.

그러니 더 좋은 직업을 구하려고 세월을 보내지 마십시오. 지금 바로 구인 광고를 찾아 여기 저기에 응모하십시오. 합격되는 곳이 하나님이 주는 직장입니다. 그리고 하나님은 항상 가장 좋은 것을 가장 적절한 때에 주십니다.

아니면 세상 직업을 갖지 않고 주님의 일만 하도록 인도하지 않는지 살피십시오. 그리고 그러한 감동이 있다면 월급이 약속되지 않는 하나님의 일을 기꺼이 시작하십시오. 그리고 광야에서 이스라엘 백성에게 매일 내려 주었던 신령한 만나를 경험하십시오.

여러분 모두 어떤 직장에서 무슨 일을 하든지 복음을 전하고 하나님의 영광을 위하여 일하기를 나사렛의 목수였던 예수 그리스도의 이름으로 축복합니다.

영혼을 살리는 설교 1

III
선교

9

복음과 함께 고난을 받으라

"하나님이 우리에게 주신 것은 두려워하는 마음이 아니요 오직 능력과 사랑과 절제하는 마음이니" "그러므로 너는 내가 우리 주를 증언함과 또는 주를 위하여 갇힌 자 된 나를 부끄러워하지 말고 오직 하나님의 능력을 따라 복음과 함께 고난을 받으라" (디모데후서 1:7-8).
"너는 그리스도 예수의 좋은 병사로 나와 함께 고난을 받으라" (디모데후서 2:3).

디모데는 3대째 믿는 가정에서 태어났습니다. 디모데에게는 그의 외할머니와 어머니를 닮은 거짓 없는 믿음이 있었습니다. 바울은 디모데의 이러한 신실한 믿음을 보고 그를 자신의 제자로 삼아 목사로 양육하였습니다. 두 차례 편지를 보내어 목회의 방법을 가르쳤습니다. 그 편지는 지금 성경이 되었고 목회의 교과서처럼 되었습니다. 그것이 디모데전서와 디모데후서입니다.

본문 말씀은 바울이 디모데에게 보낸 편지 내용 중 일부입니다. 세 가지를 말씀합니다. 첫째, 복음을 전하면 고난이 있을 것이다. 둘째, 그 고난을 두려워하지 말라. 셋째, 바울도 고난을 받고 있다는 것입니다.

초대교회 시절에는 복음을 전하면 고난을 받았습니다. 베드로는 복음을 전하다 감옥에 갇혔습니다. 야고보는 복음을 전함으로 죽임을 당했습니다. 스데반은 회개하라고 외치다 돌에 맞아 죽었습니다. 바울은 복음을 전하다 옥에 갇히고 태장을 맞고 유대인들의 살해 위협에 시달렸습니다.

여러분은 복음을 전함으로 고난을 받은 적이 있습니까? 복음을 열심히 전해 본 적은 있습니까? 전도를 하면 복음을 받지 않는 사람들을 많이 만납니다. 그들 중에는 전도하는 사람을 경멸하거나 미워하는 사람들이 있습니다. 더 나아가 박해도 합니다. 이들은 전도하는 사람을 미워하기 전에 먼저 예수님을 미워하는 것입니다. 요한복음 15장 18절을 보겠습니다.

"세상이 너희를 미워하면 너희보다 먼저 나를 미워한 줄을 알라" (요 15:18).

세상 사람들이 복음 전하는 사람을 미워하면 그들 안에 있는 예수를 미워하는 영이 반응한 것입니다. 개인적인 감정으로 반응한 것이 아닙니다. 예수님이 자신을 죽이는 자들에 대해 이들이 하는 일을 알지 못하니 용서해달라고 하나님께 간청한 이유가 이것입니다. 누가복음 23장 34절을 보겠습니다.

"이에 예수께서 이르시되 아버지 저들을 사하여 주옵소서 자기들이 하는 것을 알지 못함이니이다 하시더라 그들이 그의 옷을 나눠 제비 뽑을새"

(눅 23:34).

이들이 예수를 때리고 죽이는 이유는 이들이 마귀에게 속해 있기 때문입니다. 그러나 이들은 그러한 사실을 깨닫지 못합니다. 복음을 받지 않는 사람들은 그 안에 있는 마귀가 방해하기 때문인데 본인은 알지 못합니다. 요한복음 15장 19절을 보겠습니다.

"너희가 세상에 속하였으면 세상이 자기의 것을 사랑할 것이나 너희는 세상에 속한 자가 아니요 도리어 내가 너희를 세상에서 택하였기 때문에 세상이 너희를 미워하느니라"(요 15:19).

세상 사람들이 예수의 복음을 전하는 자들을 미워하는 이유는 서로의 소속이 다르기 때문입니다. 복음을 전하는 자는 하나님께 속하고 예수님이 택한 자들입니다. 그러나 세상 사람들은 마귀에게 속해 있습니다. 믿는 자들과 정 반대 편에 있습니다. 그러므로 세상은 믿는 사람을 꺼려하고 전도하는 사람을 미워합니다.

이처럼 하나님께 속한 자와 세상에 속한 자는 서로 대립 관계에 있습니다. 그렇다면 세상에 복음을 전하는 것은 마치 전쟁 중인 적들에게 악수를 청하러 적진에 뛰어드는 것과 같습니다.

이렇게 하는 것은 어리석고 위험한 일처럼 보입니다. 그럼에도 불구하고 믿는 자들은 이러한 사명을 감당해야 합니다. 왜냐하면 성경은 복음과 함께 고난을 받으라고 가르치기 때문입니다. 디모데후서 1장 8절을 보겠습니다.

"그러므로 너는 내가 우리 주를 증언함과 또는 주를 위하여 갇힌 자 된 나를 부끄러워하지 말고 오직 하나님의 능력을 따라 복음과 함께 고난을 받으라"(딤후 1:8).

초대교회의 전도를 보면 역설적인 것이 있습니다. 그것은 편안할 때 보다 박해가 있을 때 전도를 더 한다는 것입니다. 보통은 안전할 때에 전도를 더 많이 하고 핍박을 받으면 전도를 덜하게 될 것으로 생각합니다. 그러나 초대교회의 역사를 보면 그렇지 않습니다.

초대교회의 핍박은 스데반이 복음을 전하다 순교를 당한 후에 본격적으로 시작되었습니다. 사도행전 7장 59절, 60절을 보겠습니다.

"그들이 돌로 스데반을 치니 스데반이 부르짖어 이르되 주 예수여 내 영혼을 받으시옵소서 하고"무릎을 꿇고 크게 불러 이르되 주여 이 죄를 그들에게 돌리지 마옵소서 이 말을 하고 자니라" (행 7:59-60).

스데반 집사가 회개하라고 외치자 유대인들이 돌로 쳐 죽였습니다. 이 사건 후로 믿는 자들은 핍박을 피해 예루살렘을 떠났습니다. 각지에 흩어지면서 복음이 더 왕성하게 퍼져 나갔습니다. 사도행전 8장 1절을 보겠습니다.

"사울은 그가 죽임당함을 마땅히 여기더라 그 날에 예루살렘에 있는 교회에 큰 박해가 있어 사도 외에는 다 유대와 사마리아 모든 땅으로 흩어지니라" (행 8:1).

스데반이 흘린 피가 다른 영혼들을 구원받게 하는 촉매제가 되었습니다. 히브리서 9장 22절을 보겠습니다.

"율법을 따라 거의 모든 물건이 피로써 정결하게 되나니 피흘림이 없은즉 사함이 없느니라" (히 9:22).

피흘림이 있을 때 죄 사함과 구원이 있습니다. 그러므로 핍박 가운데 순교의 피를 흘린 곳에는 언제나 부흥이 있었습니다. 성도들이 피를 흘렸던 초대교회 시절에 하나님의 말씀이 흥왕하였다는 기록이 두 번 있습니다. 사도행전 12장 24절과 사도행전 19장 20절을 보겠습니다.

"하나님의 말씀은 흥왕하여 더하더라" (행 12:24).
"이와 같이 주의 말씀이 힘이 있어 흥왕하여 세력을 얻으니라" (행 19:20).

초대교회는 믿는 자들에 대한 박해가 심할 때였습니다. 그러나 박해가 심할 때 하나님의 말씀은 더욱 부흥했습니다. 그렇다면 현대에도 복음 전하는 일이 더 왕성 해지려면 환난과 핍박이 있어야 한다는 생각을 하게 됩니다. 지금 여러분이 가르치고 전도하는 일에 열심이 없다면 아마도 전도하기에 너무 안전하기 때문에 그런지 모릅니다.

이 설교는 성경을 가르치고 복음을 전하는 일에 열심을 내라고 독려하고 한편으로 경고하는 것입니다. 경고는 위급하고 엄중한 사안에 대해 두려움을 주는 방식으로 권고하는 것입니다. 지금 성령이 말씀을 가르치고 복음 전하는 일이 급하다고 말씀하고 있습니다. 그렇게 하지 않으면 화를 입을 수 있다고 경고하고 있습니다. 고린도전서 9장 16절을 보겠습니다.

"내가 복음을 전할지라도 자랑할 것이 없음은 내가 부득불 할 일임이라 만일 복음을 전하지 아니하면 내게 화가 있을 것이로다" (고전 9:16).

바울의 이러한 고백이 여러분에게 응하였습니다. 자신은 구원받았다고 여기면서 다른 영혼을 구원하는 일에 관심을 가지지 않는 사람은 위험합니다. 이러한 사람은 자신의 영혼이 구원받을지 의문을 가져야 합니다. 바울은 자신이 혹시 구원받지 못할까 염려하여 억지로 전도한다고 고백하였습니다.

또한 바울은 자신이 전도를 열심히 하였어도 다른 죄로 구원받지 못할까 염려하였습니다. 고린도전서 9장 27절을 보겠습니다.

"내가 내 몸을 쳐 복종하게 함은 내가 남에게 전파한 후에 자신이 도리어 버림을 당할까 두려워함이로다" (고후 9:27).

내 몸을 쳐 복종하게 한다는 말은 절제와 경건의 삶을 의미합니다. 구원받기 위하여는 전도를 열심히 하는 것은 물론 절제와 경건의 삶을 살아야 합니다.

바울처럼 평생 고난 중에 전도를 한 사람도 두렵고 떨림으로 구원을 이루어 갔다면 전도에 대한 마음의 부담도 없고 열심도 없이 "안전하다 편안하다"고 말하며 신앙생활을 하는 사람들의 결국은 어떠하겠습니까?

지금 한국이나 미국에서 복음을 전하면 핍박을 받지 않습니다. 위험하지도 않습니다. 간혹 무시당하거나 조롱을 받을 때는 있습니다. 사람들이 복음을 잘 받아들이지 않으므로 전도하는 중에 다소 기운이 빠질 때는 있습니다. 그러나 초대교회 시절에 전도하던 사람들이 받았던 핍박은 당하지 않습니다.

그럼에도 불구하고 한국과 미국의 믿는 자들이 전도를 그리 열심으로 하는 것 같지 않습니다. 그 이유가 무엇이겠습니까? 지금부터는 믿는 사람들이 전도를 열심히 하지 않는 이유와 그 해결 방법을 세 가지의 경우로 나누어 살펴보겠습니다.

첫째, 사람들이 전도를 열심히 하지 않는 이유 중에 하나는 성령을 받지 않았기 때문입니다. 전도의 열정과 능력은 성령 받는 것과 관련이 있습니다. 그것은 열두 사도와 바울의 경우를 보면 알 수 있습니다.

예수님에게 삼 년 반 동안이나 배웠던 열두 제자들도 예수님이 붙잡히자 모두 도망갔습니다. 그러나 오순절에 성령을 받은 후에는 잡혀가고 죽임당하는 것을 두려워하지 않고 복음을 전하였습니다.

바울은 예수 믿는 사람을 핍박하던 사람이었습니다. 그러나 다메섹에서 예수를 만나 성령을 받은 후에는 즉시로 예수의 복음을 전하는 자로 바뀌었습니다. 그리하여 평생 목숨을 걸고 세계 여러 나라에 복음을 전하는 사람이 되었습니다.

나도 같은 경험을 하였습니다. 오래동안 교회만 왔다 갔다 하는 일요일 신자에서 성령을 받은 후에는 즉시로 만나는 사람마다 전도하는 사람으로 바뀌었습니다. 어떤 불교 신자는 부인을 따라 교회에 온지 일년 만에 성경을 읽는 중에 성령을 받았습니다. 그런 후에 만나는 사람마다 예수를 전하는 사람으로 바뀌었습니다.

성령을 받으면 전도의 열정이 생기는 이유는 성령 충만하기 때문입니다. 그러므로 성령을 구하여 받으십시오. 구하면 주신다고 하나님이 약속하였으니 누구든지 받을 수 있습니다

둘째, 사람들이 전도를 열심히 하지 않는 이유는 말씀과 기도가 부족하기 때문입니다. 성경 말씀을 묵상하고 기도하면 전도의 열정이 생기는데 그 이유는 성령 충만해지기 때문입니다. 그러므로 주야로 말씀을 묵상하고 쉬지 않고 기도하여 전도의 열정이 일어나게 하십시오.

셋째, 억지로라도 전도하는 것입니다. 성령을 받지 않았거나 말씀과 기도로 성령 충만하게 되지 않아 전도의 열정이 없는 분들이 있을 것입니다. 이러한 분들은 억지로라도 전도해야 합니다. 이 방법도 성경이 가르치는 것 중에 하나입니다.

성령을 받고 성령 충만한 사람들도 때로는 전도의 열정이 약해질 수 있습니다. 복음을 전하는 일이 고달프고 낙심이 되어서 중단하고 싶을 수도 있습니다. 바울도 그러한 심경을 밝혔습니다. 그리하여 억지로 복음을 전하였다고 합니다. 고린도전서 9장 16절을 다시 보겠습니다.

"내가 복음을 전할지라도 자랑할 것이 없음은 내가 부득불 할 일임이라 만일 복음을 전하지 아니하면 내게 화가 있을 것이로다" (고전 9:16).

바울은 복음을 전하지 않으면 벌을 받게 될까 두려워 억지로 복음을 전하였습니다. 아주 중요한 가르침입니다. 왜냐하면 그 날에 하나님 앞에서 성령을 받지 않아서, 성령 충만한 신앙 생활을 하지 못해서 전도에 게을렀다는 핑계를 댈 수 없기 때문입니다.

지금부터는 전도를 여러분들의 생활에 적용하는 지혜를 나누겠습니다.

첫째, 전도의 결과에 부담을 갖지 마십시오. 사람들이 전도를 어렵게 여기는 이유 중에 하나가 열매에 집착하기 때문입니다. 예수를 믿게 해야 전도한 것으로 여기기 때문입니다. 자신이 섬기는 교회로 오게 하여야 전도한 것으로 생각하기 때문입니다. 고린도전서 3장 6절에서 8절까지를 보겠습니다.

"나는 심었고 아볼로는 물을 주었으되 오직 하나님께서 자라나게 하셨나니" "그런즉 심는 이나 물 주는 이는 아무 것도 아니로되 오직 자라게 하시는 이는 하나님뿐이니라" "심는 이와 물 주는 이는 한가지이나 각각 자기가 일한 대로 자기의 상을 받으리라" (고전 3:6-8).

씨를 뿌리고 물을 주는 것은 사람이 해야 하지만 자라게 하는 분은 하나님입니다. 이 말씀을 전도에 적용하면 전도는 씨를 뿌리고 물을 주는 것입니다. 복음을 들은 사람이 예수를 믿게 되는 것은 하나님이 하는 것입니다. 그리고 사람들은 복음을 전한 자체로 상을 받습니다. 그러니 전도의 결과에 부담을 가질 필요가 없습니다.

성령 충만하여 목숨을 걸고 전도한 바울은 마을 전체가 그의 설교를 듣기도 하였습니다. 주민 전체가 그의 말을 믿기도 하였습니다. 그러나 전도의 성과를 별로 얻지 못한 경우도 있었습니다. 아덴에서 전도할 때 그러했습니다. 아덴은 현재 그리스의 수도인 아테네입니다. 그 당시 철학이 가장 발달했던 도시입니다. 사도행전 17장 33절, 34절을 보겠습니다.

> "이에 바울이 그들 가운데서 떠나매" "몇 사람이 그를 가까이하여 믿으니 그 중에는 아레오바고 관리 디오누시오와 다마리라 하는 여자와 또 다른 사람들도 있었더라" (행 17:33-34).

소수의 몇 사람만 바울이 전한 복음을 믿었습니다. 바울도 이렇게 전도의 열매를 별로 맺지 못한 적이 있었으니 여러분도 전도의 결과에 부담을 갖지 마십시오.

둘째, 전도 대상자의 반응에 개의치 마십시오. 전도가 두려운 이유 중에 하나가 전도 받는 사람의 부정적인 반응 때문일 것입니다. 한국에서는 복음을 전할 때 거절하는 사람의 수가 받아들이는 사람의 수보다 훨씬 많습니다. 이러한 반응을 계속 접하면 자신이 전도에 무능력하다는 판단을 할 수도 있습니다. 그리하여 전도의 의욕을 잃게 되고 거절에 대한 심리적인 부담을 가질 수 있습니다.

그러나 전도를 받은 사람의 반응은 전도 한 사람의 어떠함과는 관계가 없습니다. 전도 대상자가 예수를 영접하고 교회로 오게 되었든지, 복음을 거절하고 돌아섰든지, 심지어 욕을 하고 갔던지 그것은 전도한 사람의 공도 아니고 과도 아닙니다.

왜냐하면 그것은 하나님이 하신 것이기 때문입니다. 중요한 것은 여러분이 지금 복음을 전하고 있느냐는 사실입니다. 이러한 의미를 깨달으면 전도 대상자의 반응에 대한 부담이 없습니다.

셋째, 자신의 가족과 혈육을 먼저 전도하십시오. 주님이 승천하기 전에 복음 전하는 지역을 순서대로 말씀하였는데 예루살렘부터 시작하였습니다. 사도행전 1장 8절을 보겠습니다.

"오직 성령이 너희에게 임하시면 너희가 권능을 받고 예루살렘과 온 유대와 사마리아와 땅 끝까지 이르러 내 증인이 되리라 하시니" (행 1:8).

이 말씀을 여러분에게 적용하면 가까운 혈육을 먼저 전도하라는 것입니다. 다음에 친구, 주변의 사람들, 그리고 한국인, 외국인 순으로 복음을 전하라는 의미입니다. 믿지 않는 가족 형제들에게는 복음을 전하지 않으면서 전도하기 위하여 길거리로 나아가는 것은 순서에 맞지 않습니다.

전에 전도하였음에도 예수를 믿지 않거나 바른 신앙 생활을 하지 않는 가족 형제가 있다면 다시 한번 복음을 전하십시오. 마지막 기회가 될 지 모른다는 심정으로 기도하면서 전도하십시오. 말로 하든지 문자로 하든지 편지로 하든지 방법은 상관이 없습니다. 전도를 받지 않더라도 실망하지 말고 씨를 뿌리고 물을 준 것으로 만족하십시오.

넷째, 친분이 있는 사람이나 대화를 할 기회가 주어진 사람들을 전도하십시오. 이러한 전도를 관계 전도라고 합니다. 직장 동료나 학교 동창, 친구들이 이에 해당합니다. 단골 가게 주인, 미용사, 택시기사, 의사 등 생활 중에 대화를 나눌 시간이 있는 사람들을 전도하십시오. 그들을 전도하라고 하나님이 만나게 한 것입니다.

다섯째, 모르는 사람을 전도하십시오. 전철역 앞이나 시장 등 사람들이 많이 지나가는 곳에서 전도지를 돌리며 전도하십시오. 많은 분들이 이러한 방법에 익숙할 것입니다. 수많은 전도지가 버려질지라도 그 중에 한 사람이라도 믿게 된다면 버려지는 전도지는 아까운 것이 아닙니다. 여러분의 수고도 하나도 버려지지 않고 천국에 기록될 것입니다.

여섯째, 가난한 나라로 가서 전도하십시오. 성경에는 가난한 자에게 복음이 전파된다는 말씀이 있습니다. 누가복음 4장 18절, 19절을 보겠습니다.

"주의 성령이 내게 임하셨으니 이는 가난한 자에게 복음을 전하게 하시려고 내게 기름을 부으시고 나를 보내사 포로 된 자에게 자유를, 눈 먼 자에게 다시 보게 함을 전파하며 눌린 자를 자유롭게 하고" "주의 은혜의 해를 전파하게 하려 하심이라 하였더라" (눅 4:18-19).

이 구절은 예수님이 이사야 61장 1절 말씀을 인용한 것입니다. 나는 처음에 이 성경 구절을 접했을 때에 부자에게는 복음을 전하지 않아도 되는 것인가 라는 의문이 있었습니다.

그러나 이러한 의문은 내가 직접 경험을 해봄으로써 풀렸습니다. 미국의 한인 수퍼마켓 앞에서 전도를 할 때에는 전도가 잘 되지 않았습니다. 그들은 모두 부유한 사람들이었습니다. 그러나 가난한 캄보디아 사람들을 전도할 때에는 거의 모두 복음을 받고 예수를 영접하는 것을 직접 경험하였습니다. 그런 후 성경이 왜 가난한 자에게 복음이 전파된다는 표현을 하였는지에 대하여 이해를 하게 되었습니다.

이것이 가난한 국가에 선교를 가야하는 이유입니다. 선교는 그 기간의 짧고 긴 것에 상관없이 귀한 일입니다. 선교지에서 직접 복음을 전하든 다른 봉사 일을 하든 모두 귀한 일입니다. 이 번 설교를 통하여 선교에 대한 몇 가지 새로운 도전을 해 볼 것을 권면합니다.

첫째, 3개월 정도나 그 이상의 기간으로 가난한 나라로 선교를 가십시오. 단기 선교와는 다른 경험을 할 것입니다. 오지에 체류한다는 자체가 도전이며 심신이 매우 고단합니다. 복음을 전하면서 고난 받으라는 성경 말씀의 맛을 조금 볼 수 있습니다.

둘째, 복음을 전하는 일에 집중하십시오. 가난한 자들에게 얼마나 복음이 잘 전파되는지 경험할 수 있습니다. 언어를 모르면 현지의 한국 선교사를 통하여 통역자를 구할 수 있습니다.

셋째, 재물을 가난한 자들에게 나누어 주는 일도 함께 하십시오. 이들은 너무 가난하여 월 10만이 없어 굶고 있습니다. 백만 원을 열 명에게 나누어 주어 구제할 수 있습니다. 천만 원으로 가구당 50만 원씩 20가구에 나누어 줄 수도 있습니다. 이들의 육체도 구원하고 영혼도 구원하는 아름다운 사역이 될 것입니다.

이제부터는 믿는 자들을 전도하는 문제에 대하여 나누어 보겠습니다. 믿는 자들을 전도한다는 표현이 이해가 잘 되지 않을 것입니다. 이 말씀은 믿지만 거듭나지 않은 사람들, 구원에 이를 만한 믿음이 없는 사람들은 다시 복음이 필요한 사람들이라는 의미입니다. 그러므로 이들에게도 바른 복음을 새롭게 전해야 합니다.

교회 안에 이러한 사람들이 많은 원인은 첫째, 목사가 성경을 바르게 가르치지 않았기 때문이며 둘째, 믿는 자들이 성경 말씀대로 신앙 생활을 하지 않았기 때문입니다.

예수님은 제자들에게 우선 이스라엘의 잃어버린 양들에게 가서 복음을 전하라고 했습니다. 마태복음 10장 5절, 6절을 보겠습니다.

"예수께서 이 열둘을 내보내시며 명하여 이르시되 이방인의 길로도 가지 말고 사마리아인의 고을에도 들어가지 말고" "오히려 이스라엘 집의 잃어버린 양에게로 가라" (마 10:5-6).

이스라엘의 잃어버린 양을 교회에 적용하면 한 때 예수를 믿다가 중단하였거나 바르게 믿지 않는 사람들입니다. 예수를 바르게 믿지 않는 사람과 믿음을 잃어버린 사람들을 다시 깨우는 것이 믿지 않는 사람들을 전도하는 일보다 우선이라는 것입니다.

나는 성령을 받은 직후에 이러한 것을 경험한 적이 있습니다. 성령을 받은 후에 예수를 증거하는 데 처음에 만난 몇 사람은 모두 신앙 생활을 열심히 하다가 중간에 믿음을 잃고 교회도 가지 않는 사람들이었습니다. 이들이 나의 성령 받은 간증을 듣고 교회로 다시 돌아왔습니다.

지금부터는 이스라엘의 잃어버린 양을 다시 전도할 수 있는 지혜를 나누어 보겠습니다. 여러분이 전도하는 중에 이미 믿고 있다고 말을 하는 사람을 만나면 전도에 대한 대화가 중단될 것입니다. 그럴 때에 대화를 중단하지 말고 이렇게 제안하십시오.

내가 읽고 은혜를 받은 기독교 서적이 있는데 선물로 드리면 읽어보겠냐고 물어보십시오. 읽겠다고 응답하면 다니엘 조의 저서 "지옥 가는 교인들"을 선물로 주십시오. 주변의 믿는 사람들에게도 동일한 방법으로 그 책을 권해보십시오. 후에 다른 책들도 권하십시오. 이렇게 하는 것은 믿는 자들을 다시 전도하는 좋은 방법입니다. 이 책은 실제로 많은 믿는 자들의 영혼을 깨우는 열매를 맺고 있습니다.

마지막으로 믿지 않는 자들을 전도할 때의 지혜에 대하여 잠시 나누겠습니다. 여러분이 전도를 하였더니 예수를 믿는데 관심을 보이는 사람을 만나면 우선 예수를 구세주로 영접할 것을 권하십시오. 그런 후에 교회에 갈 것을 권하기 보다는 성경을 읽을 것을 권하십시오. 신약 성경부터 읽으라고 하십시오.

그리고 성경을 선물로 주면 받겠느냐고 제안하십시오. 받겠다고 하면 성경책을 선물로 주십시오. 성경을 읽는 중에 교회를 가고 싶은 마음이 오면 하나님께 가장 좋은 교회로 인도를 해 달라고 기도를 할 것과 그리할 때 성령이 가장 좋은 교회로 인도할 것이라고 말해 주십시오.

지금 말씀드린 전도 방법에는 기존의 전도와 다른 두 가지 특징이 있습니다. 하나는 성경을 선물로 주는 것이고 다른 하나는 교회로 먼저 인도하지 않고 성경을 우선 읽게 하는 것입니다. 왜냐하면 신앙생활의 핵심은 성경을 읽고 그대로 행하는 것이지 교회의 예배에 참석하는 것이 아니기 때문입니다.

집 근처에 아무 교회나 가서 예배를 드리게 되면 처음부터 잘못된 믿음을 가질 수 있습니다. 왜냐하면 지금 한국에는 거짓 교회, 거짓 목사가 너무 많기 때문입니다. 그러므로 전도한 사람에게 성경을 먼저 읽게 하는 것은 매우 지혜로운 전도 방법입니다.

지금은 한국이나 미국의 교인들은 사서 고생을 하지 않는 한 복음을 전하느라 고난을 겪는 일이 없습니다. 그럼에도 불구하고 혈육을 전도하는 것이 얼마나 어려운 일인지 경험한 사람들이 있을 것입니다. 전도를 위하여 입을 떼기가 쉽지 않아 마음으로 부담을 안고 지내는 분들도 있을 것입니다.

이런 분들은 전도 자체가 고난입니다. 이러한 사람들은 차라리 전도와 태장 중에 선택하라면 태장을 선택하고 싶을 지도 모릅니다. 그러나 이러한 사람들도 이제 평안한 세대에서 스스로 전도라는 고난을 택해야 합니다. 왜냐하면 성경은 전도에 게으르면 멸망한다고 말씀하기 때문입니다.

지금은 마지막 때입니다. 전도하는 사람들에 대한 핍박이 초대교회의 때 보다 더 크게 닥칠 것입니다. 복음을 전할 때는 물론 예수를 믿는다는 이유만으로도 고난을 겪을 때가 곧 옵니다. 바울은 디모데에게 복음과 함께 고난을 받으라고 당부했습니다. 지금 주님이 이 설교를 통해 여러분에게도 동일한 말씀을 주십니다. 복음과 함께 고난을 받으십시오.

10
성령 받으면 떠나라

"이르시되 내가 진실로 너희에게 이르노니 하나님의 나라를 위하여
집이나 아내나 형제나 부모나 자녀를 버린 자는" "현세에 여러 배를
받고 내세에 영생을 받지 못할 자가 없느니라 하시니라" (누가복음
18:29-30).
"오직 성령이 너희에게 임하시면 너희가 권능을 받고 예루살렘과 온
유대와 사마리아와 땅 끝까지 이르러 내 증인이 되리라 하시니라"
(사도행전 1:8).

    예수의 제자들은 성령을 받고 땅 끝까지 가서 복음을 전하다 죽
었습니다. 그들은 예수님이 승천하기 전에 마지막으로 당부한 그 말
씀에 순종하였습니다. 이들은 성령 충만하여 거침없이 어디에서도
예수를 증거하며 다녔습니다. 이들이 그렇게 할 수 있었든 이유는 성
령을 받았기 때문입니다.

    예수의 제자들은 복음을 전하기 위하여 땅끝으로 다닐 때 그들의
가족이 함께 했을 수도 있습니다. 그러나 그 당시 온 가족이 함께 전
도 여행을 하기가 쉽지 않았을 것으로 미루어 보아 혼자 다녔을 가
능성이 큽니다. 이들은 가족을 버리고 성령 충만하여 로마로 인도로
터키로 다녔습니다. 그리하여 순교하는 영광을 누렸습니다.

이들이 이렇게 하나님께 순종하여 힘든 선교의 길을 떠났을 때 그들의 가족은 어떠했을까요? 남편 없이 아버지없이 지내기가 매우 힘들고 고단했을까요? 물론 그러하였을 수도 있습니다. 그렇지만 본문 말씀은 그들의 가족이 복을 받는다고 말씀합니다. 누가복음 18장 29절, 30절을 다시 보겠습니다.

"이르시되 내가 진실로 너희에게 이르노니 하나님의 나라를 위하여 집이나 아내나 형제나 부모나 자녀를 버린 자는""현세에 여러 배를 받고 내세에 영생을 받지 못할 자가 없느니라 하시니라" (눅 18:29-30).

이 구절은 열 두 제자처럼 가족과 떨어지는 것을 감수하고 하나님의 나라를 확장하는 일을 하는 사람은 현세에서도 더 많은 복을 받고 영생도 확실하게 받는다고 말씀합니다.

이 복은 가족을 떠나 복음을 전하는 자의 복과 그 가족의 복 모두를 일컫는 것입니다. 왜냐하면 남편이나 아버지가 또는 자녀가 복음을 위하여 생명을 바치는데 하나님이 그의 아내와 자녀와 부모를 불행하게 버려 두지 않을 것이 분명하기 때문입니다.

그러므로 성령을 받았음에도 가족에 대한 염려와 걱정으로 떠나지 못한다면 그것은 성경을 믿지 않는 것입니다. 믿음이 약한 것입니다. 지금은 초대교회의 시절만큼 가족 선교 여행이 어렵지 않습니다. 그러므로 가족이 함께 선교를 갈 수도 있습니다. 그러나 아내와 가족의 상황이 여의치 않거나 동의하지 않을 경우에도 혼자 떠나야 합니다.

본문 말씀이 가족을 버린다는 표현을 쓴 이유가 바로 이것입니다. 성령 받으면 가족과 떨어지더라도, 가족이 반대하더라도 떠나라는 것입니다. 하나님 나라를 위한 선교가 온 가족이 함께 사는 것보다 중요합니다.

하나님이 우리에게 성령을 부어 주는 이유와 목적을 살펴보겠습니다. 성령을 받는 것은 여러가지 의미가 있지만 기본적으로 복음 전하는 능력을 받는 것입니다. 그래서 예수님이 승천하기 전에 제자들에게 성령을 받을 때까지 예루살렘에 모여 있으라고 한 것입니다.

제자들은 예수님과 함께 사역하며 많이 보고 배웠으며 능력도 행하였습니다. 그러나 그 정도로는 안 되는 것입니다. 위로부터의 능력을 입어야 합니다. 성령 받을 때에 함께 오는 능력과 은사들도 결국 전도의 능력을 더하는 것입니다. 그러므로 성령을 받은 사람은 국내이든, 땅 끝이든 복음을 전해야 합니다.

성령을 받은 사람들은 집, 아내, 부모, 형제, 자녀들까지 버리는 각오로 예수의 증인이 되어야 합니다. 그러나 사람들은 가족은 흩어지지 않으면서 예수의 증인이 되는 삶을 살려고 합니다. 그것이 옳은 일이라고 말하기도 합니다.

세상은 가정의 가치를 소중하게 여깁니다. 그것은 좋은 것입니다. 그러나 본문 말씀은 가족이 함께 하지 않아도 가정을 소중하게 지켜주겠다고 약속합니다. 현세에서 여러 배를 받는다고 합니다.

예수 증거와 영혼 구원을 위하여 이산 가족이 될 때에 그 가정은 더욱 큰 복을 받습니다. 성령을 받은 사람이 전도에 게으르고 선교를 주저한다면 하나님이 성령을 부어 준 목적에 부합한 삶을 살지 않는 것입니다. 영혼 구원의 능력과 기회를 허비하는 것입니다.

본문 말씀은 하나님의 일을 위하여 가정과 가족을 버리는 자의 복에 대하여 말씀합니다. 그 복이 얼마나 크고 좋은 것인지에 대하여 다시 한번 살펴보겠습니다.

제자들이 예수님께 구원에 대하여 질문을 하였습니다. "그런즉 누가 구원을 얻을 수 있겠나이까"라고 묻자 예수님이 대답한 것이 본문의 말씀입니다.

"하나님의 나라를 위하여 집과 가족을 버린 사람은 현세에 여러 배를 받고 내세에 영생을 받지 못할 자가 없느니라" (눅 18:30).

이 구절은 성경 전체를 통틀어 가장 확실한 구원의 조건을 말씀합니다. 그것은 하나님을 위하여 집과 가족까지도 버리는 것입니다. 이럴 때에는 구원받지 못할 자가 없습니다. 거기에 더하여 현세에도 여러 배의 복을 받습니다.

성경은 구하여도 하늘나라에 들어가는 사람이 많지 않다고 합니다. 그런데 이렇게 확실한 구원의 방법이 있다는 사실에 여러분은 흥분되지 않습니까? 이렇게 하여서라도 반드시 구원받아야 하겠다는 감동을 받지 않습니까?

그러나 이 말씀에 큰 매력이나 유혹을 느끼는 사람이 그리 많지 않은 것 같습니다. 사람들은 이렇게는 하지 않고 구원받기를 바랍니다. 구원은 받아야 하겠는데 예수님처럼, 예수의 제자들처럼 살고 싶지는 않습니다.

성령을 받은 여러분은 이 설교에 어떠한 감동이 있습니까? 어디로 가서 복음을 전할지, 가족과 함께 갈지 혼자 갈지를 기도해야 하겠다는 마음이 들지는 않으십니까? 성령이 어떠한 감동을 주는지 귀기울여 보십시오. 남미의 과테말라로 갈지 아프리카의 가난한 어떤 나라로 가야 할지 말씀할 것입니다.

성경은 예루살렘과 온 유대와 사마리아와 온 땅 끝까지 이르러 내 증인이 되라고 말씀합니다. 이 말씀의 뜻은 가까운 곳으로 시작하여 점점 먼 곳으로 확장하라는 뜻입니다. 이제는 복음을 몇 번씩 듣고도 믿지 않는 미국이나 유럽보다는 아직 복음이 들어가지 않고 불신자가 많은 가난한 나라로 떠나야 할 것입니다.

나의 전도 경험도 그것을 입증하였습니다. 나는 수퍼마켓 앞에서 여러 번 전도하였지만 열매를 보지 못했습니다. 수퍼마켓 앞에서 전도하려 했던 사람들은 모두 쇼핑을 한아름 할 수 있는 부자들이었습니다. 그들 중에는 한 사람도 전도된 사람이 없었습니다. 미국에서는 과거 몇 년 동안 전도는 꾸준히 하였지만 그 열매는 별로 맺지 못하였습니다.

그러나 캄보디아에서는 3주 만에 삼백 명 이상을 주께로 인도하였습니다. 전도를 시도한 사람 중 한 명만 제외하고 모두 예수를 영접하는 기적이 일어났는데 그들은 모두 가난한 자들이었습니다. 그때에 성경이 왜 가난한 자에게 복음이 전파된다고 말씀하는 지를 깨달았습니다.

성령 받은 사람들은 떠나십시오. 영혼 구원이 가족과 함께 지내는 것 보다 더 중요합니다. 가족을 놓고 떠날 때 현세에서 복을 더 받고 구원은 보장된다고 주님이 약속하였습니다.

선교를 떠난 후에 불순종하던 자녀가 순종하게 되고, 안 믿던 형제가 믿게 되고, 배우자의 신앙이 더 좋아지고, 부모의 질병이 치료될 것입니다. 여러 모양으로 그 가정에 복을 줄 것입니다. 땅 끝으로 떠나서 이러한 복과 영생을 누리는 여러분 되기를 예수 그리스도의 이름으로 축원합니다.

지금까지는 성령을 받은 사람들에게 초점을 맞추어 그들의 선교에 대한 사명에 대하여 나누었습니다. 지금부터는 성령을 받지 않은 사람들은 어떻게 예수님의 지상 명령인 선교를 해야 할지를 나누겠습니다.

첫째, 성령을 받지 않은 사람들은 성령을 구하여 받으십시오. 받기를 구하면 하나님이 주십니다. 누가복음 11장 13절을 보겠습니다.

"너희가 악할지라도 좋은 것을 자식에게 줄 줄 알거든 하물며 너희 하늘 아버지께서 구하는 자에게 성령을 주시지 않겠느냐 하시니라"(눅 11:13).

마태복음 7장 11절에도 이와 비슷한 말씀이 있습니다.

"너희가 악한 자라도 좋은 것으로 자식에게 줄 줄 알거든 하물며 하늘에 계신 너희 아버지께서 구하는 자에게 좋은 것으로 주시지 않겠느냐"(마 7:11).

하늘에 계신 아버지는 땅에 있는 아들에게 줄 수 있는 것이 아주 많습니다. 그 중에서도 주기를 매우 기뻐하는 것이 하나 있습니다. 그것이 바로 성령입니다. 아버지가 주기를 간절히 원하니 아들이 받기가 얼마나 쉽겠습니까? 그러니 구해서 꼭 받으십시오.

둘째, 성령을 받지 않았더라도 선교를 하십시오. 능력은 다소 약할 지라도 믿게 하는 분은 하나님이니 때를 얻든지 못 얻든지 예수를 증거하십시오. 아니면 선교 사역을 보조하고 돕는 일이라도 하십시오.

셋째, 성령 받은 가족을 땅끝으로 보내는 일을 주저하거나 가는 길을 막지 마십시오. 함께 하지는 못하더라도 거스르는 일은 하지 마십시오. 그 사람이 남편이든, 자녀이든, 형제이든, 부모이든 선교의 일을 하는데 도움과 격려가 되고 걸림돌이 되지 마십시오.

하나님의 일을 위하여 가족이 떨어져 있는 것을 염려하지 마십시오. 오히려 이산 가족이 됨을 기뻐해야 합니다. 왜냐하면 현세에 복을 더하는 일이며 영생을 받는 것이기 때문입니다.

여러분은 사업상 또는 자녀의 교육을 위하여는 가족이 오랫동안 떨어져 있기를 감수하지 않습니까? 이처럼 가족에게 약간의 유익은 있을지 몰라도 영생과는 상관없는 사업과 교육을 위하여도 가족이 떨어져 산다면 영혼 구원의 선교를 위하여는 얼마나 더 그러해야 하겠습니까?

이제부터는 성령을 받는다는 것이 무엇인지, 성령을 받았을 때의 변화 등에 관하여 나누겠습니다. 이번 기회에 성령을 받는 의미에 대하여 명확하게 이해하고 스스로 성령을 받았는지를 점검해보기 바랍니다.

첫째, "성령으로 아니하고는 누구든지 예수를 주시라 할 수 없느니라"고 한 고린도전서 12장 3절의 말씀은 예수를 주로 영접한 사람은 모두 성령을 받았다는 의미가 아닙니다.

마태복음 16장 16절을 보겠습니다.

> "시몬 베드로가 대답하여 이르되 주는 그리스도시요 살아 계신 하나님의 아들이시니이다" (마 16:16).

베드로는 예수를 주님으로 믿고 영접하였지만 예수님이 승천한 후 오순절에 성령을 받았습니다. 그런 후에 능력을 받아 복음을 전할 때 삼천 명이 한 번에 돌아왔습니다. 베드로가 주를 시인한 것이 성령을 받은 것이라면 왜 예수께서 승천할 때에 예루살렘을 떠나지 말라고 당부를 하고 오순절에 다시 성령을 부어 주었겠습니까? 예수를 영접하기만 하면 성령을 받은 것이라는 가르침은 잘 못 된 것입니다.

둘째, 성령을 받는 것과 성령 세례를 받는 것은 같은 뜻입니다. 성령 세례 받는다는 말을 줄여서 성령 받는다고 표현합니다. 사도행전 1장 5절에는 성령 세례라는 표현을 사용하였습니다.

> "요한은 물로 세례를 베풀었으나 너희는 몇 날이 못되어 성령으로 세례를 받으리라 하셨느니라" (행 1:5).

사도행전 8장 17절에는 성령 받는다고 표현합니다.

"이에 두 사도가 그들에게 안수하매 성령을 받는지라" (행 8:17).

셋째, 어느 날 성령의 감동을 받아 크게 울면서 회개를 하였거나 하나님의 은혜와 감사가 너무 커서 한량없이 우는 특별한 체험을 하였을 때 그것을 성령 받은 것으로 이해하는 사람들이 있습니다. 그러나 이러한 경험을 한 사람들이 성령을 받았는지를 확인하려면 그 후에 자신의 삶이 변화되었는지 보아야 합니다.

이러한 체험 후에 나 중심과 돈 중심에서 예수 그리스도 중심으로 삶이 분명하게 변하지 않았다면 성령을 받지 않은 것입니다. 전도에 대한 열정이 갑자기 크게 타올라 전도를 열심히 하게 되지 않았다면 그 사람은 하나님의 은혜로 많이 울었음에도 성령을 받은 것은 아닙니다.

성령을 받으면 다메섹에서 예수를 만난 사도 바울처럼 극적인 삶의 변화가 이루어집니다. 예수 믿는 자를 잡아 가두고 핍박하던 삶에서 예수를 전하기 위하여 핍박을 받는 삶의 반전이 일어나게 됩니다. 그러므로 성령을 받게 되면 주변 사람도 모두 알게 됩니다.

성령을 받을 때의 현상과 느낌은 개인마다 조금씩 다를 수 있지만 사도행전 2장 1절에서 13절까지의 장면이 가장 잘 설명해 줍니다. 그 중에서 13절 말씀만 보겠습니다.

"또 어떤 이들은 조롱하여 이르되 그들이 새 술에 취하였다 하더라" (행

2:13).

이 말씀은 성령 받은 사람에 대한 매우 적절한 표현입니다. 성령을 받으면 예수에 취해버립니다. 그러므로 술에 취한 사람처럼 보이는 것입니다.

넷째, 성령 세례는 회개할 때 받습니다. 사도행전 2장 38절을 보겠습니다.

"베드로가 이르되 너희가 회개하여 각각 예수 그리스도의 이름으로 세례를 받고 죄 사함을 받으라 그리하면 성령의 선물을 받으리니" (행 2:38).

성령은 거룩한 하나님의 영입니다. 죄로 더러워져 있는 사람에게는 임하지 않습니다. 죄를 깨끗하게 한 후에 성령이 임합니다. 죄를 씻는 유일한 방법이 회개입니다. 회개는 자신이 죄인이라는 것을 인정하고 깨닫는 것으로 시작됩니다.

그러므로 성령을 받을 때에는 자신이 죄인이라는 것을 깨닫고 많은 회개의 눈물을 흘립니다. 성령이 회개를 도웁니다. 죄들을 기억나게 하며 작은 죄도 큰 죄로 느끼게 합니다. 이처럼 성령을 받는다는 것은 초자연적인 현상입니다.

여러분 중에는 성령을 받은 것으로 알고 있는데 이 말씀들을 적용해 봄으로써 성령을 받지 않은 것으로 판단될 수 있습니다. 그러한 분들은 알게 하신 하나님께 감사하고 다시 성령 받기를 구하십시오.

다섯째, 성령은 소멸될 수 있습니다. 데살로니가전서 5장 19절은 성령을 소멸하지 말라고 말씀합니다. 성령을 받은 사람이 기도, 말씀, 전도, 거룩한 삶 등으로 성령 충만하지 않으면 성령 받지 않은 옛날의 모습으로 돌아갈 수 있습니다. 요한계시록 2장 4절을 보겠습니다.

"그러나 너를 책망할 것이 있나니 너의 처음 사랑을 버렸느니라" (계 2:4).

이 말씀의 뜻은 처음에 성령으로 예수를 만났을 때, 즉 성령을 받았을 때의 사랑이 소멸되었음을 지적하는 것입니다. 성령은 소멸되기도 하지만 회복도 가능합니다. 성령이 소멸된 분들은 다시 말씀과 기도에 전념하여 첫 사랑을 회복하고 선교에 대한 열정을 다시 키워야 할 것입니다.

다음은 아프리카로 장기 선교를 떠난 어떤 분의 이야기를 나누겠습니다. 이 분은 교회를 통하여 아프리카로 단기 선교를 간 적이 있었습니다. 하나님이 그 곳에서 장기로 선교 사역을 하라는 감동을 주었습니다. 그러나 현실적으로 어렵다고 생각하여 순종하지 않았습니다.

그런데 하나님이 여러가지 상황과 시험을 통하여 선교를 떠날 것을 다시 말씀하였습니다. 그럼에도 아내가 반대하므로 실행할 수 없어 고민하며 기도하는 어느 날 하나님이 심장을 찌르듯이 말씀하였습니다. 그 말씀이 바로 성령을 받았으니 속히 떠나라는 것이었습니다.

이 분은 그 순간부터 성경을 다시 읽기 시작하였습니다. 성령을 받으면 땅 끝까지 복음을 전하라고 했는데 거기에는 아무런 예외가 없는 것을 깨달았습니다. 사업이 바쁘면 떠나지 말라, 자녀가 어리면 떠나지 말라, 부인이 반대하면 떠나지 말라, 부모가 편찮으면 떠나지 말라는 등의 조건을 찾지 못했습니다.

심지어 선교 훈련을 받을 필요도 없는 것을 깨달았다고 합니다. 가기만 하면 나머지는 성령이 한다는 것입니다. 이러한 하나님의 음성을 부인에게 말하자 반대하던 부인도 함께 가기로 하였습니다. 부인은 잠시나마 남편의 선교를 반대한 것에 대한 회개를 했다고 합니다.

성령을 받고 땅 끝으로 떠나려 할 때 하나님은 그 가정에 복을 주어 선교를 반대하던 아내가 선교의 동반자가 되게 하였습니다. 그러므로 성령 받은 사람들은 아무 염려 말고 떠날 각오와 준비를 하십시오. 나머지 일은 하나님이 모두 선하게 이루십니다.

지금은 마지막 때입니다. 주님이 곧 오십니다. 잃어버린 영혼들을 구원해야 할 추수의 때입니다. 누가복음 10장 2절을 보겠습니다.

"이르시되 추수할 것은 많되 일꾼이 적으니 그러므로 추수하는 주인에게 청하여 추수할 일꾼들을 보내 주소서 하라" (눅 10:2).

추수해야 할 영혼들은 많은데 일꾼은 적습니다. 이 말씀은 복음을 듣기만 하면 구원받을 사람들이 매우 많다는 것입니다. 그런데 복음을 전하는 사람이 적다는 것입니다. 그리하여 하나님이 매우 안타까워하는 것입니다. 요한복음 4장 35절, 36절을 보겠습니다.

"너희는 넉 달이 지나야 추수할 때가 이르겠다 하지 아니하느냐 그러나 나는 너희에게 이르노니 너희 눈을 들어 밭을 보라 희어져 추수하게 되었도다" "거두는 자가 이미 삯도 받고 영생에 이르는 열매를 모으나니 이는 뿌리는 자와 거두는 자가 함께 즐거워하게 하려 함이라" (요 4:35-36).

이 구절에는 매우 중요한 포인트가 있습니다. 그것은 여러분은 이미 추수할 삯을 받은 일꾼이라는 것입니다. "거두는 자가 이미 삯도 받고"라는 구절이 그것을 의미합니다. 성령을 받은 것이 그 삯을 받은 것을 의미합니다.

그러니 성령을 받은 여러분은 추수를 해야 할 책임이 있습니다. 세상에서도 돈을 미리 받고 일을 하지 않는 것은 불법입니다. 그렇다면 하나님이 준 삯을 받고도 그 일을 하지 않으면 얼마나 더 큰 불법이겠습니까?

주님은 성령 받은 여러분이 땅 끝으로 가지 않는 것을 슬픈 눈으로 바라보고 있습니다. 지금 가난한 자들은 복음을 듣기를 기다리고 있습니다. 그들은 한 마디만 던지면 예수를 믿습니다. 나는 그것을 체험하였습니다. 또한 성경이 그렇다고 가르치고 있습니다. 그것이 가능한 것은 성령이 하기 때문입니다.

여러분은 그냥 가서 전하기만 하는 것입니다. 믿게 하는 분은 성령입니다. 그러니 이제 성령 받은 분은 떠나십시오. 가족을 버리고 떠나십시오. 직업을 버리고 떠나십시오. 주님 오실 때까지 한 영혼이라도 더 추수하십시오. 그리하여 현세에서도 복을 받고 영생도 누리게 되기를 전도하다 죽으신 우리 주 예수 그리스도의 이름으로 축복합니다.

11

예수와 복음을 위하여
죽을 때가 왔다

"자기의 생명을 사랑하는 자는 잃어버릴 것이요 이 세상에서 자기의
생명을 미워하는 자는 영생하도록 보전하리라" (요한복음 12:25).

스승이 제자들에게 원하는 것이 하나 있습니다. 그것은 제자들이
스승을 능가하는 실력을 갖는 것입니다. 참된 스승은 이러한 마음으
로 제자들을 가르치며 또한 그렇게 될 수 있다고 믿습니다. 그리고
그러한 일은 가능합니다. 요한복음 14장 12절을 보겠습니다.

"내가 진실로 진실로 너희에게 이르노니 나를 믿는 자는 내가 하는 일을
그도 할 것이요 또한 그보다 큰 일도 하리니 이는 내가 아버지께로 감이
라" (요 14:12).

예수님은 밤 낮으로 가르치고 복음을 전하면서 병든 자를 고치고,
귀신을 쫓아 내고, 죽은 자를 살리는 등 많은 기적을 행하였습니다.
이러한 엄청난 일을 하였던 예수께서 믿는 자들도 이러한 모든 일은
물론 그보다 큰 일도 할 수 있다고 말씀하였습니다.

베드로와 바울은 예수님처럼 가르치고 복음을 전하였고 예수님이 행한 동일한 여러가지 기적들도 행하였습니다. 심지어는 죽은 자를 살리는 기적도 행하였습니다. 그러므로 믿는 자들이 예수님과 같은 능력으로 사역을 할 수 있다는 예수님의 말씀은 성경 안에서도 이미 증명되었습니다.

구약에는 자신의 스승보다 더 큰 능력을 행한 사람이 있었습니다. 선지자 엘리사는 엘리야의 제자인데 선지자들 중에 가장 많은 기적을 행한 사람입니다. 엘리사는 예수님이 행한 모든 종류의 기적을 다 행하였고 그 외에 더 행하였습니다.

국에 들어간 독을 없앴고 물에 빠진 도끼를 물위로 떠오르게 하는 기적을 행하였습니다. 심지어 엘리사의 죽은 몸에 다른 사람의 시체가 닿자 그 시체가 다시 살아나는 기적도 일으켰습니다. 이런 기적은 예수님도 행하지 않았던 것입니다.

이처럼 제자들이 스승과 같이 되거나 스승을 능가할 수 있다는 예수님의 말씀은 이미 고대에도 이루어진 적이 있으며 예수님의 제자들에게도 이루어졌습니다. 그렇다면 동일한 말씀이 여러분에게도 적용되며 성취될 수 있습니다.

오늘 설교 중에는 예수님의 많은 행적 중에 한 가지 특별한 것을 주제로 다루려 합니다. 이것을 특별한 주제라고 하는 이유는 예수님이 행하신 것 중에 가장 귀하고 아름다운 일이기 때문입니다.

그것은 예수님이 하나님을 위하여 목숨을 바친 것입니다. 마태복음 22장 37절을 보겠습니다.

"예수께서 이르시되 네 마음을 다하고 목숨을 다하고 뜻을 다하여 주 너의 하나님을 사랑하라 하셨으니" (마 22:37).

이 구절은 목숨을 다하여 하나님을 사랑하라고 말씀합니다. 이 말씀은 단순히 하나님을 사랑하라는 것을 강조하는 이상의 의미가 있습니다. 이 말씀에는 하나님을 믿는 것 때문에 실제로 목숨을 잃을 수 있다는 의미가 있습니다. 누구든지 언제든지 그러한 상황에 처할 수 있다는 의미도 있습니다. 더 나아가 하나님을 믿는 일은 생명을 거는 일이라는 의미도 있습니다.

초대교회의 성도들은 이렇게 살았습니다. 그 당시에 예수를 믿는 것은 생명을 거는 일이었습니다. 그러한 각오로 믿음 생활을 하였고 복음을 전하였습니다. 사도행전 15장 25절을 보겠습니다.

"사람을 택하여 우리 주 예수 그리스도의 이름을 위하여 생명을 아끼지 아니하는 자인 우리가 사랑하는 바나바와 바울과 함께 너희에게 보내기를 만장일치로 결정하였노라" (행 15:25).

이 구절은 초대교회의 믿는 자들이 스스로를 예수 그리스도의 이름을 위하여 생명을 아끼지 아니하는 자라고 말씀합니다. 다음은 사도행전 20장 24절을 보겠습니다.

"내가 달려갈 길과 주 예수께 받은 사명 곧 하나님의 은혜의 복음을 증언하는 일을 마치려 함에는 나의 생명조차 조금도 귀한 것으로 여기지 아니하노라"(행 20:24).

이 구절은 바울이 복음을 전하는 일에 자신의 생명을 조금도 귀하게 여기지 않는다고 말씀합니다.

이상의 두 구절은 크게 두 가지를 말씀합니다. 하나는 그 당시에는 예수를 믿고 복음을 전하는 것이 생명을 거는 일이었다는 것입니다. 다른 하나는 그러한 일을 당연한 것으로 여기고 믿음 생활을 하였다는 사실입니다.

이 외에도 성경은 예수를 믿는 일이 생명을 바치는 일이고 그러한 각오가 있어야 한다는 것을 여러 차례 언급하고 있습니다. 예수님도 그러한 의미로 자주 가르쳤습니다. 마가복음 8장 35절을 보겠습니다.

"누구든지 자기 목숨을 구원하고자 하면 잃을 것이요 누구든지 나와 복음
을 위하여 자기 목숨을 잃으면 구원하리라"(막 8:35).

이 구절은 구원을 받기 위하여는 목숨을 잃을 수 있다고 말씀합니다. 다음은 누가복음 14장 26절을 보겠습니다.

"무릇 내게 오는 자가 자기 부모와 처자와 형제와 자매와 더욱이 자기 목
숨까지 미워하지 아니하면 능히 내 제자가 되지 못하고"(눅 14:26).

이 구절도 목숨은 물론 부모 형제까지도 버릴 각오로 예수를 믿

으로라고 말씀합니다.

요한계시록 12장 11절에는 생명을 아끼지 않고 예수를 증언하다 죽은 사람들이 구원받은 것을 말씀합니다.

"또 우리 형제들이 어린 양의 피와 자기들이 증언하는 말씀으로써 그를 이겼으니 그들은 죽기까지 자기들의 생명을 아끼지 아니하였도다"(계 12:11).

이처럼 성경은 예수를 믿고 증거하는 일이 생명과 직결된다는 말씀을 많이 하고 있습니다. 예수님은 제자들에게 이러한 것을 가르쳤습니다. 그럼에도 불구하고 믿음과 생명을 바꾸는 일이 그리 간단한 일이 아닌 것은 사실입니다. 베드로는 생명이 아까워 예수님을 세 번이나 부인했습니다. 요한복음 13장 37절, 38절을 보겠습니다.

"베드로가 이르되 주여 내가 지금은 어찌하여 따라갈 수 없나이까 주를 위하여 내 목숨을 버리겠나이다" "예수께서 대답하시되 네가 나를 위하여 네 목숨을 버리겠느냐 내가 진실로 진실로 네게 이르노니 닭 울기 전에 네가 세 번 나를 부인하리라"(요 13:37-38).

베드로 뿐만 아니라 모든 제자들이 예수님과 함께 잡혀가 죽임을 당할까 두려워 도망갔습니다. 이처럼 예수님에게 삼 년 반 동안이나 가르침을 받았던 제자들도 믿음보다 생명을 더 귀중하게 여겼다면 보통의 사람들은 더 말할 것도 없을 것입니다.

이러한 성경의 예들을 보면 믿음과 생명의 관계가 어떤 것인지 정리할 수 있습니다.

첫째, 예수를 믿고 복음을 전하는 일은 생명을 잃을 수 있는 위험한 일이다.

둘째, 보통의 크리스천은 생명과 믿음 중 하나를 선택해야 하는 상황에 처하면 생명을 선택함으로써 구원을 잃을 것이다.

셋째, 그러므로 예수에 대한 믿음과 복음 전하는 일에 생명을 버릴 만한 믿음을 키워야 한다.

그렇다면 예수의 제자들의 예를 보면서 어떻게 생명을 두려워하던 믿음에서 생명을 바치는 믿음으로 바뀔 수 있는지 살펴보겠습니다.

베드로는 바다에 뛰어들 정도의 큰 믿음이 있었습니다. 그리고 예수님에 대한 충성심도 있었습니다. 그럼에도 불구하고 자신의 생명이 위험에 처하자 믿음이 약해져 예수님을 모르는 사람이라고 하였습니다. 다른 제자들도 예수님이 붙잡혀 가는 것을 보고 모두 도망하였습니다.

이러한 믿음 없는 제자들이 생명을 바치는 믿음으로 바뀌게 된 것은 오순절에 성령을 받고 난 후였습니다. 성령은 예수 그리스도의 영입니다. 예수 그리스도를 증거하는 영입니다. 그러므로 성령을 받으면 단 번에 예수를 위하여 목숨을 바칠 만한 큰 사랑과 믿음이 들어옵니다. 예수에 대한 사랑이 자신의 생명까지도 아깝지 않게 만듭니다. 이것이 성령 받는 것의 위력입니다

생명을 바치는 믿음으로 바뀔 수 있는 또 다른 한 가지 배경은 환난을 겪는 것입니다. 스데반이 순교한 이후로 초대교회 성도들에게

핍박이 시작되었습니다. 그러자 성도들은 핍박을 피해 흩어지면서 복음을 전하였습니다.

핍박이 오자 예수 믿는 것을 중단하지 않았습니다. 그렇게 하는 것이 그들의 생명을 지킬 수 있는 가장 안전한 방법임에도 그들은 그렇게 하지 않았습니다. 핍박과 환난이 오히려 그들의 믿음을 더 강하게 하였습니다.

이들의 예에서 알 수 있는 것은 현대의 교회들도 순교할 만한 믿음으로 성장하기 위하여는 상당한 핍박과 환난을 겪어야 한다는 사실입니다. 그러므로 사도 바울은 하늘 나라에 들어 가려면 환난을 당해야 한다고 가르친 것입니다. 사도행전 14장 22절을 보겠습니다.

"제자들의 마음을 굳게 하여 이 믿음에 머물러 있으라 권하고 또 우리가 하나님의 나라에 들어가려면 많은 환난을 겪어야 할 것이라 하고" (행 14:22).

천국에 들어가기 위한 조건이 환난을 겪는 것입니다. 구원을 받기 위하여는 환난 당하는 것이 당연한 것이며 동시에 필수적인 것입니다.

지금 한국과 미국에서는 예수를 믿고 복음을 전하는 이유로 핍박 당하지 않습니다. 그러나 그러한 상황은 언제든지 발생을 할 수 있다는 것을 유념해야 합니다. 그렇다면 한국과 미국같이 믿고 전도하는 일이 편안한 사람들은 계속 그러한 평안함에 머물러 있는 것이 구원받는 신앙생활이겠습니까?

조금 전에 말씀드린 내용에 비추어 보면 그렇지 않습니다. 왜냐하면 하늘 나라에 들어 가려면 많은 환난을 겪어야 한다는 말과 부딪히기 때문입니다. 그렇다면 어떻게 해야 하겠습니까? 예수 믿고 복음 전하는 것이 너무 평안할 때에 믿는 자들이 해야 하는 것은 스스로 고난을 선택하는 삶으로 전환하는 것입니다. 쉽게 말하면 사서 고생을 하라는 것입니다.

스스로 고난을 선택하는 것은 믿음을 키우는 훈련입니다. 이러한 훈련의 좋은 방법 중에 하나가 가난한 나라로 선교를 가는 것입니다. 소박한 월세집으로 옮기고 남는 돈으로 구제와 선교를 하는 것입니다. 재산과 거처를 정리하여 여행가방 하나 가지고 장기 선교를 떠나는 것입니다.

선교는 믿음으로 하는 것이지 돈으로 하는 것이 아닙니다. 여행 경비가 필요하지 않다는 것이 아닙니다. 선교를 가려는 믿음이 있으면 필요한 것은 하나님이 공급합니다. 예수의 제자들도 전대 없이 복음을 전하러 다녔지만 부족한 것이 없었습니다. 나도 동일한 경험을 오래동안 하고 있습니다.

하나님은 이스라엘 백성을 만나와 메추리로 먹였듯이 필요한 것을 때를 따라 공급합니다. 그러므로 재산을 모두 정리하여 가난한 자에게 주고 선교를 갈 수 있습니다. 선교지에 복음과 돈을 함께 가지고 가서 나누어 주어도 좋을 것입니다.

땅끝으로 선교를 가면 육신이 고단하며 돈을 절약하느라 고생도 합니다. 예기치 못한 사태로 인해 위험하거나 어려움에 처할 수도 있습니다. 병으로 고생할 수도 있습니다. 그것이 어떠한 것이든지 하나님이 허락한 것입니다.

그러한 고난은 결국 복음 전하는 자들에게 상급과 영광으로 돌아옵니다. 하늘 나라에 들어가려면 많은 고난을 겪어야 한다는 말씀이 자신에게 응하는 것입니다. 그러니 오히려 기뻐해야 할 일입니다.

대한민국의 근대 역사에도 예수를 믿는 이유로 박해를 받은 때가 두 번 있었습니다. 한 번은 일제 식민지 시대이고 다른 한 번은 육이오 사변 때입니다. 일본 식민지 하의 한국 국민들은 일본의 왕에게 절을 하도록 강요받았습니다. 그들은 자신의 왕을 천황이라고 부르며 신격화하여 자신들의 신에게 경배하라는 것이었습니다.

그것은 우상 숭배의 죄를 짓는 일입니다. 그러므로 예수를 믿는 사람들은 그러한 일을 거부해야 하는데 이를 거부하면 감옥에 끌려가고 고문을 받고 죽임당하였습니다.

육이오 사변의 기간에는 남북이 같은 지역을 번갈아 가며 점령을 하는 일이 있었습니다. 그 때 마다 북괴에게 협조한 사람은 한국군이 점령하면 핍박을 받았습니다. 그리고 한국군에게 협조를 한 사람은 북괴가 점령하면 보복을 당하는 일이 있었습니다.

그 와중에 북괴군은 점령지의 예수 믿는 자들을 죽였습니다. 수십 명의 교인 전체를 학살한 적도 있습니다. 개별적으로 믿는 자들을 찾아내어 죽이기도 하였습니다. 같은 동네의 주민이 고발하여 죽게 한 적도 있습니다.

이처럼 믿는 자들이 박해와 환난을 당한 것은 가까운 한국 역사에도 경험한 것입니다. 역사는 되풀이됩니다. 유사한 일들이 유사한 원인으로 발생합니다. 이스라엘은 우상 숭배를 하다가 하나님으로부터 심판을 받았습니다. 그리하면 이스라엘 백성은 회개하고 죄에서 돌이킵니다.

그리고 하나님은 다시 용서를 하고 심판을 중단합니다. 그런 후 세월이 흘러 편안해지면 다시 죄를 짓습니다. 그리하여 다시 심판을 받아 멸망을 당하고 다시 회개하여 돌아오는 일을 수도 없이 반복하였습니다.

지금 대한민국이 이스라엘의 전철을 밟고 있습니다. 우리 나라는 조선 말에 기독교 탄압의 죄를 지었습니다. 대원군이 예수 믿는 자들을 많이 죽였습니다. 무려 8천 명의 신도와 외국 선교사들을 죽였습니다.

그리하여 받은 심판이 일본을 36년 동안 섬긴 것입니다. 일제 치하에서도 우리 민족에게 복음은 많이 전파되었고 믿는 자들이 기도를 하였습니다. 그리하여 하나님은 우리를 일본으로부터 해방시켜 주었고 그 후에 한국이라는 나라를 새롭게 세워주었습니다.

대통령은 물론 국회의원의 대부분이 예수를 믿는 매우 복된 나라로 건국이 되었습니다. 그럼에도 불구하고 영토의 북쪽 절반은 마귀가 점령을 하게 되었고 남쪽에도 마귀의 사상인 공산주의를 따르는 자들이 엄청나게 일어났습니다. 하나님에게 바쳐진 나라를 다시 마귀에게 돌리려는 한국 백성들의 악함을 보신 하나님은 다시 육이오 사변의 전쟁으로 심판하였습니다.

심판의 양이 찼는지, 신실한 이승만 대통령의 기도를 들으셨는지, 한국 백성이 회개를 하여서인지 모르지만 전쟁은 3년 만에 끝났고 지금까지 70년 가까이 한국은 영적인 부흥과 경제적인 부흥을 동시에 이루며 평화롭고 부유한 나라가 되었습니다.

이렇게 하나님의 은혜와 큰 복을 오랫동안 누리고 있는 한국이 영원히 이러한 평화와 번영의 복을 계속 누릴 수 있을지에 대하여 다시 생각해볼 때가 되었습니다. 왜냐하면 세상은 점점 더 타락하고 음란해지기 때문입니다. 하나님이 없다고 하는 자들이 점점 더 늘어나기 때문입니다.

더욱 심각한 것은 예수를 믿는 자들이나 세상 사람들이나 구분이 가지 않을 정도로 교회가 타락하였다는 사실입니다. 지금 교회 안에는 배도와 재물 숭배와 동성연애와 음란과 거짓말과 온갖 더러운 것들로 가득 차 있습니다.

이러한 교회의 타락을 주도하는 자들이 다름아닌 목사들이라는 사실은 참으로 경악할 일입니다. 한국의 목사들 중에는 헌금을 도둑질하거나 음란하거나 성경을 잘못 풀거나 빨갱이이거나 배도하였거나 이 다섯 가지 중에 하나 이상에 해당되지 않는 경우가 거의 없습니다.

한국 백성이, 한국의 교회가, 한국의 목사들이 이처럼 범죄하였는데 하나님이 끝까지 참겠습니까? 70년이면 오래 참은 것이 아닙니까? 그러니 이제 심판을 하는 것이 마땅하지 않겠습니까? 심판의 단골 재료인 칼과 기근과 전염병을 준비해 놓지 않았겠습니까? 이미 전염병의 화살은 시위를 떠난 것으로 보입니다. 북괴와 중공이라는 두 자루의 칼도 준비해 놓았습니다.

그럼에도 불구하고 여러분은 방역을 잘하고 있으므로 전염병은 곧 끝날 것이고, 미국 때문에 전쟁은 없을 것이고, 계속 배부를 것이고, 평안할 것이라고 되뇌이며 스스로 최면을 걸겠습니까? 여러분의 조부모와 부모가 겪었던 식민지와 전쟁이 여러분에게는 결코 일어나지 않을 것이라고 다짐을 계속 하겠습니까?

한국에 전쟁이 없을 것이라고 예언하는 사람이 있고 전쟁이 곧 있을 것이라고 예언하는 사람이 있습니다. 어떤 예언이 맞는 지는 성경의 예언서를 읽어 본 사람이라면 쉽게 분별할 수 있습니다. 성경에는 평화를 예언한 선지자는 없습니다. 왜냐하면 평화가 계속되는 것은 굳이 예언할 필요가 없기 때문입니다.

그러나 전쟁과 심판이 올 때에는 그 심판을 예방하거나 심판 중에도 긍휼을 입을 수 있도록 하기 위하여 예언이 필요한 것입니다. 그 예언은 죄를 중단하고 회개하라는 것입니다.

또한 이러한 예언을 굳이 믿지 않더라도 죄가 있는 곳에는 심판이 있다는 간단한 진리만 적용하여도 한국에 칼의 심판이 올 것을 깨달을 수 있습니다. 왜냐하면 아무도 한국에 죄가 없다고 말 할 수 없을 것이기 때문입니다.

칼의 심판에 대하여 말씀을 드리는 이유는 칼의 심판의 때가 되면 생명을 거는 믿음이 시험을 받기 때문입니다. 기근과 전염병의 심판도 생명을 위협하는 것이지만 믿음과 죽음 중에 하나를 강요받는 시험은 아닙니다.

그러나 지금 한국에 전쟁이 발생하면 목숨과 믿음 중에 하나를 택해야 하는 상황에 처하게 될 것이 분명합니다. 왜냐하면 적들이 공산주의 마귀들이기 때문입니다. 그렇다면 조금 전에 말씀드린 사서 환난을 당해보라는 권면을 다시 상기해 볼 필요가 있습니다. 왜냐하면 환난을 통하여 믿음의 공력을 키워야 하기 때문입니다.

이 설교를 듣는 분들은 실행에 옮길 구체적인 계획을 세워 보십시오. 기도는 아무 곳에서나 하면 됩니다. 골방에서, 교회 안에서, 한적한 곳에서 할 수 있습니다. 아프리카 사람들을 중보하기 위하여 아프리카로 가지 않아도 됩니다. 그러나 선교할 곳은 하나님이 정하여 인도합니다.

바울도 아시아로 선교를 갈 계획을 세웠지만 성령이 마게도냐로 가라고 지시를 하였습니다. 나도 케냐로 선교를 갈 마음을 먹었는데 꿈에 성령이 캄보디아로 가라고 말씀하여 목적지를 바꾼 적이 있습니다. 내가 이스라엘에서 장기 선교를 한 것도 성령이 인도한 것입니다. 그러니 여러분도 어디로 갈 지를 성령께 물으면 갈 나라를 정해 줄 것입니다.

땅끝으로 환난을 찾아 간 것이 오히려 목숨을 건지는 복이 될 지도 모릅니다. 역전과 반전의 하나님이 과테말라에서 선교하며 고난을 겪는 사람들은 살리고 한국에서 편안하고 안전하게 지내던 사람들은 갑자기 칼에 죽게 할지 누가 알겠습니까?

예수를 믿는 일은 목숨을 거는 일이라는 것은 초대교회의 때나 조선말이나 일제 식민지의 때나 육이오 사변의 때나 지금이나 변함이 없습니다. 죽으려고 하는 자는 살 고 살려고 하는 자는 죽는다는 진리도 변하지 않았습니다.

여러분 모두 예수를 위하여 어떻게 죽을지를 고민하고 실제로 그렇게 인도되어 구원받기를 십자가에서 죽으신 예수 그리스도의 이름으로 축복합니다.

12
교회는 이스라엘을 전도하라

"이에 보아스가 룻을 맞이하여 아내로 삼고 그에게 들어갔더니 여호
와께서 그에게 임신하게 하시므로 그가 아들을 낳은지라" "여인들
이 나오미에게 이르되 찬송할지로다 여호와께서 오늘 네게 기업 무
를 자가 없게 하지 아니하셨도다 이 아이의 이름이 이스라엘 중에 유
명하게 되기를 원하노라" "이는 네 생명의 회복자이며 네 노년의 봉
양자라 곧 너를 사랑하며 일곱 아들보다 귀한 네 며느리가 낳은 자
로다 하니라" "나오미가 아기를 받아 품에 품고 그의 양육자가 되
니" "그의 이웃 여인들이 그에게 이름을 지어 주되 나오미에게 아들
이 태어났다 하여 그의 이름을 오벳이라 하였는데 그는 다윗의 아버
지인 이새의 아버지였더라" (룻기 4:13-17).

세계에서 가장 예수를 안 믿는 민족 중에 하나가 이스라엘입니다.
구약의 시대에도 하나님의 심판을 가장 많이 받은 민족 중에 하나가
이스라엘입니다. 성경을 보면 이스라엘의 적들도 하나님의 심판을
많이 받았지만 이스라엘이 그들보다 심판을 덜 받지 않았습니다.

이스라엘은 하나님이 택한 백성이며 예수를 탄생시킨 민족입니다.
그럼에도 불구하고 하나님의 복을 가장 못 받은 채 수 천년을 지냈
습니다. 예수를 죽인 이스라엘의 장로와 바리새인들은 그 핏 값을
자신들과 자녀들에게 돌리라고 스스로 저주하였습니다. 마태복음

27장 25절을 보겠습니다.

> "백성이 다 대답하여 이르되 그 피를 우리와 우리 자손에게 돌릴지어다
> 하거늘" (마 27:25).

이러한 저주가 이천 년째 역사하고 있습니다. 주님이 죽으신 지 40
년 후인 주후 70년에 이스라엘은 로마에 의해 멸망하였습니다. 예루
살렘 성은 주님이 예언한대로 돌 위에 돌 하나 남지 않고 다 무너졌
습니다. 백만 명이 죽임을 당하고 이십만 명이 노예와 포로로 끌려
갔습니다. 이들은 모두 예수를 믿지 않는 이스라엘 사람들이었습니
다. 그 당시 소수의 크리스천들은 예수님의 예언에 순종하여 예루살
렘이 군대에 에워싸일 때에 도망하여 살았습니다.

주님이 오시어 삼 년 반 동안 이적과 기사를 보이며 사역을 하던
것을 보고도 믿지 않던 이스라엘은 이천 년이 지난 지금도 변하지 않
았습니다. 가까운 역사를 보면 이차대전 때에 유대인 육백만 명이 학
살당하였습니다. 참으로 가슴 아픈 일이었습니다. 그러나 그 배경에
는 하나님의 섭리가 있음을 부인할 수 없습니다.

그러나 이들은 아직도 깨닫지 못하고 있습니다. 하나님이 아브라
함을 통하여 축복한 이 민족은 불순종으로 복을 받은 삶을 살지 못
하고 이천 년간 나라도 없이 온 세계에 흩어져 차별과 핍박을 받아
왔습니다.

그럼에도 불구하고 성경은 처음부터 끝까지 이스라엘에 대한 역
사이며 이야기입니다. 그들이 예수를 믿든 안 믿든 이스라엘에 대한

하나님의 예언은 이루어져 가고 있습니다. 가장 최근에 이루어진 큰 예언은 1948년에 이스라엘이 다시 나라를 세운 것입니다. 하나님이 4천 년 전에 주었던 같은 자리에 국가를 세웠습니다. 에스겔 36장 24절과 37장 12절을 보겠습니다.

"내가 너희를 여러 나라 가운데에서 인도하여 내고 여러 민족 가운데에서 모아 데리고 고국 땅에 들어가서" (겔 36:24).
"그러므로 너는 대언하여 그들에게 이르기를 주 여호와께서 이같이 말씀하시기를 내 백성들아 내가 너희 무덤을 열고 너희로 거기에서 나오게 하고 이스라엘 땅으로 들어가게 하리라" (겔 37:12).

이스라엘이 독립을 선언한 바로 다음 날 수천만의 인구를 가진 아랍 동맹국들이 인구 50만도 되지 않는 이스라엘을 공격하였습니다. 그러나 이스라엘은 그 전쟁에서 승리하여 국가를 공고히 세웠습니다.

그 후로 19년이 지난 1967년에는 이스라엘이 선제 공격을 하여 6일 만에 영토를 네 배나 확장하였습니다. 그리하여 처음에 하나님이 주신 영토와 거의 비슷한 수준으로 땅을 회복하였습니다. 요르단이 소유하고 있던 예루살렘의 절반도 탈환하였습니다.

이스라엘이 전쟁에서 승리한 것은 하나님이 그 땅을 다시 준다고 약속하였기 때문입니다. 이러한 이스라엘의 현대 역사는 이스라엘이 성경에서 사라지지 않은 것을 보여줍니다. 이스라엘을 교회로 대체하여 이해하고 해석하는 것이 맞지 않다는 것을 증명합니다.

이스라엘 땅이 다시 회복되고 흩어진 유대인들이 다시 이스라엘로 돌아오는 예언이 하나씩 성취되어 감에도 불구하고 아직도 유대인의 대부분은 예수를 믿지 않습니다. 유대인도 예수를 믿지 않으면 구원받지 못합니다.

유대인들은 하나님이 자신의 국가와 백성을 보호한다는 것을 믿고 깨닫습니다. 그러나 하나님이 그러한 일을 이루는 것은 예언을 성취하기 위한 것이지 예수를 믿지 않음에도 그들을 구원하기 위한 것이 아닙니다. 그들은 여호와 하나님을 믿고 찾지만 예수 그리스도를 통하지 않고는 하나님은 그들의 하나님이 되지 않습니다. 요한일서 2장 23절이 그렇게 말씀하고 있습니다.

"아들을 부인하는 자에게는 또한 아버지가 없으되 아들을 시인하는 자에게는 아버지도 있느니라" (요일 2:23).

사도 바울은 이러한 이스라엘 백성 때문에 몹시 안타까워했습니다. 로마서 9장 1절에서 5절까지를 보겠습니다.

"내가 그리스도 안에서 참말을 하고 거짓말을 아니하노라 나에게 큰 근심이 있는 것과 마음에 그치지 않는 고통이 있는 것을 내 양심이 성령 안에서 나와 더불어 증언하노니" "나의 형제 곧 골육의 친척을 위하여 내 자신이 저주를 받아 그리스도에게서 끊어질지라도 원하는 바로라" "그들은 이스라엘 사람이라 그들에게는 양자 됨과 영광과 언약들과 율법을 세우신 것과 예배와 약속들이 있고" "조상들도 그들의 것이요 육신으로 하면

그리스도가 그들에게서 나셨으니 그는 만물 위에 계셔서 세세에 찬양을
받으실 하나님이시니라 아멘" (롬 9:1-5).

바울은 이스라엘 사람인 것이 어떤 큰 의미를 갖는지 설명합니
다. 이스라엘 사람들은 하나님의 양자이고 하나님의 영광입니다. 하
나님은 이스라엘에게 언약과 율법을 주었으며 그리스도까지 그들에
게서 나게 하였습니다. 그럼에도 불구하고 이들은 예수를 믿지 않습
니다. 그리하여 바울이 안타까워하고 있습니다.

바울은 원래 이방인에게 복음을 전할 자로 부름을 받았습니다. 그
런데 복음이 이방인에게 전해지기 위하여 이스라엘이 복음을 받아들
이지 않게 되는 것을 바울은 깨달았으며 그러한 사실을 가르쳤습니
다. 로마서 11장 25절을 보겠습니다.

"형제들아 너희가 스스로 지혜 있다 하면서 이 신비를 너희가 모르기를
내가 원하지 아니하노니 이 신비는 이방인의 충만한 수가 들어오기까지
이스라엘의 더러는 우둔하게 된 것이라" (롬 11:25).

이스라엘이 모두 예수를 잘 믿은 후 이방인들에게 복음을 전하였
다면 신비한 일이 아닙니다. 그러나 그렇게 되지 않았으므로 신비한
일로 여겨지는 것입니다.

장자 된 백성인 이스라엘이 그리스도를 믿지 않은 것은 창세기로
부터 내려오는 장자들의 운명을 통하여 암시하고 있습니다. 성경의
장남들은 이스라엘을 상징하며 동생은 복음을 더 잘 받아들인 이방

인을 상징합니다.

아담의 장자 가인이 의로운 동생 아벨을 죽였습니다. 이삭의 큰 아들인 에서는 하나님이 거절했고 동생 야곱이 이스라엘 열 두 지파의 조상이 되었습니다. 야곱의 장자 르우벤이 장자권을 갖지 못했고 열한 번째 아들인 요셉이 장자권을 가졌습니다.

요셉의 아들도 동생인 에브라임이 장자인 므낫세를 제치고 장자권을 받습니다. 동생인 모세를 선지자로 세우고 형인 아론은 동생의 수종을 들었습니다. 이스라엘 왕인 다윗도 일곱 형제 중에 막내입니다.

이것은 우연이 아닙니다. 이스라엘 민족이 먼저 복음을 들었으나 거부함으로 복음이 이방 나라에서 흥왕 하게 된 것의 예표들입니다. 이러한 하나님의 신비로운 섭리로 인하여 이스라엘은 복음이 전해지기 시작한지 이천 년이 흘렀음에도 아직 믿는 자가 극소수밖에 없습니다. 그러나 이방 나라에서는 수억 명이 예수를 믿고 있습니다.

1948년에 이스라엘 정부가 수립된 것은 20세기 이후에 이루어진 가장 위대한 성경 예언의 성취입니다. 마지막 때에 이스라엘이 예수를 믿고 구원받게 하기 위한 하나님의 섭리입니다.

그렇다면 하나님은 마지막 때에 이스라엘을 어떤 방법으로 주님께 돌아오도록 섭리하겠습니까? 이것도 매우 신비한 비밀로 감추어 있습니다. 이 비밀을 본문 말씀인 룻기를 통하여 풀어보겠습니다.

룻기의 스토리는 이야기 자체로도 매우 아름다우며 감동적입니다. 보통의 소설에는 선한 주인공이 한 명이거나 두 명입니다. 그러나 룻기에는 선한 주인공이 세 명입니다. 그들은 룻과 나오미와 보아스입니다. 슬프게 시작하지만 행복하게 끝납니다. 짧은 이야기 속에 드라마틱한 반전도 있습니다. 문학성이 탁월한 소설 작품 같기도 합니다.

그런데 룻기의 이야기는 실화이며 이해하려면 영적인 통찰력이 필요합니다. 룻기의 숨은 계시를 깨닫는다면 스토리 자체로 받는 감동보다 훨씬 더한 큰 감동을 받을 것입니다.

이해를 돕기 위하여 먼저 룻기의 대략적인 내용을 요약하겠습니다. 나오미는 흉년이 들자 고향 베들레헴을 떠나 모압으로 이민을 갑니다. 거기서 아들 둘을 모압 여인과 결혼시킵니다. 그러나 얼마 못되어 남편이 죽고 아들 둘도 모두 죽습니다.

그리하여 모압에서는 구원의 소망이 없음을 알고 다시 베들레헴으로 돌아오기로 작정합니다. 며느리들에게는 모압에 남아 새로운 인생을 살도록 권하지만 룻은 시어머니와 함께 살고 시어머니가 섬기는 여호와 하나님을 섬기겠다며 베들레헴으로 함께 옵니다.

보아스는 나오미 남편의 친척으로 자손이 끊어진 나오미 집안의 자손을 잇고 나오미 집안의 재산을 되 살 수 있는 사람입니다. 성경에서는 이것을 기업 무를 자, 영어로는 킨즈맨 리디머 (The Kinsman Redeemer)라고 합니다. 이 말을 직역하면 구원해 줄 친척이라는 뜻입니다. 나오미의 주선으로 룻은 보아스의 아내가 되어 아들을 낳습니다. 그 아들이 다윗의 할아버지 오벳입니다. 이상이 룻기의 대략적인 스토리입니다.

룻기를 본문 말씀으로 인용한 것은 이야기의 줄거리를 설명하려는 것이 아닙니다. 이스라엘이 어떻게 구원받게 되는 지를 영적으로 깊이 있게 다루기 위한 것입니다. 룻기가 담고 있는 영적인 의미를

깨달으려면 성경에서 여인은 교회를 상징한다는 것을 이해하여야 합니다.

교회를 이루는 성도들이 그리스도의 신부로 비유되고 구원받는 자들이 어린 양의 혼인 잔치에 참여합니다. 이처럼 성경은 교회와 성도들을 여자나 신부로 비유합니다. 이러한 사실을 룻기에 적용하면 이방 여인 룻은 지금의 교회를 상징합니다. 그리고 나오미는 이스라엘을 상징하며 보아스는 예수 그리스도의 예표입니다.

우선 이스라엘을 상징하는 나오미의 삶과 믿음을 통해 이스라엘의 영적 상태를 조명해 보겠습니다. 나오미의 믿음을 알 수 있는 세 가지 예를 보겠습니다.

첫째, 나오미는 이스라엘에 기근이 오자 모압으로 한 동안 거주하기 위하여 이사를 갑니다. 이스라엘 땅은 하나님이 약속한 땅이며 축복의 땅입니다. 천국을 예표하는 곳입니다. 하나님은 이스라엘 백성이 항상 그곳에 거주할 것을 명령하며 상황과 형편이 어렵다고 그곳을 떠나는 것을 기뻐하지 않습니다.

이스라엘 백성이 이스라엘 땅을 떠나면 징계합니다. 아브라함도 기근을 피해 애굽으로 갔다가 아내를 뺏기는 화를 당하였습니다. 하나님은 바벨론으로 끌려가지 않고 남은 이스라엘 백성들에게 애굽으로 가지 말라고 하였습니다. 그러나 이를 어긴 이스라엘 백성들은 애굽에서 모두 죽임을 당했습니다.

하나님이 이스라엘 백성이 약속의 땅 안에 머물러 있기를 명령하는 것은 그곳을 복과 구원이 있는 땅으로 지정하였기 때문입니다. 그러므로 상황이나 환경을 쫓아 이방 나라로 가는 것을 막고 벌하는 것입니다.

이스라엘 국가가 이미 세워진 지금은 온 세계에 흩어진 유대인들은 이스라엘 땅으로 다시 돌아오는 것이 복을 받는 것이며 구원받는 것입니다. 1948년 전까지는 하나님의 진노하심으로 이스라엘이 전 세계에 흩어져 살며 고난과 핍박을 받았습니다.

그러나 이제는 그들을 불쌍히 여겨 나라를 회복하고 그 땅을 적으로부터 보호하고 있습니다. 몇 차례의 중동 전쟁에서 이스라엘이 승리한 사실이 그 증거입니다. 지금 유대인들은 외국에 사는 자체가 하나님께 불순종이며 하나님의 진노 가운데 있는 것입니다.

기근을 피하여 모압으로 간 나오미도 이스라엘 땅을 떠나는 불순종을 한 것입니다. 그리하여 남편과 두 아들을 잃었습니다. 남편과 아들을 잃은 것은 나오미에게는 식량의 기근보다 다 심한 환난입니다. 이처럼 나오미의 모압 이주는 이스라엘이 하나님께 불순종한 것의 예표입니다.

둘째, 나오미는 두 아들을 모두 이방 여인과 결혼시켰습니다. 이것도 하나님이 엄격하게 금하는 것입니다. 또 다른 불순종을 한 것입니다. 그러나 하나님은 이스라엘 사람과 이방 여인의 결혼을 통하여 룻으로 상징되는 이방의 교회가 만들어질 수 있는 토대를 조성하였습니다. 이스라엘을 통하여 이방인을 구원하려는 것입니다.

셋째, 나오미는 며느리들에게 그들의 신을 섬기며 모압 땅에 살라고 권합니다. 이러한 나오미의 생각과 태도는 이스라엘이 복음을 먼저 받은 후에 이방인을 전도하지 않는 것을 상징적으로 보여줍니다. 나오미는 며느리들을 이스라엘로 데려가 여호와 하나님을 믿고 구원받도록 해야 하였습니다.

이상의 나오미의 세 가지 대표적인 삶, 이방 나라로 간 것, 아들을 이방 여인과 결혼시킨 것, 며느리들을 전도하지 않은 것 등은 이스라엘의 불순종을 그대로 반영하며 예수 그리스도의 복음을 전할 사명을 받아들이지 않을 것을 암시합니다.

그러나 한편으로는 나오미의 이러한 불순종으로 룻이 하나님을 알고 믿게 된 것은 앞서 바울이 말한 것처럼 이스라엘이 불순종함으로 이방인에게 복음이 전해지게 된 것을 상징적으로 보여주는 것입니다.

다음은 교회를 상징하는 룻의 삶을 보겠습니다. 모압 여인 룻은 이스라엘 사람의 아내가 되어 하나님을 알고 믿게 되었습니다. 남편이 죽었지만 시어머니 나오미를 따라 이스라엘로 왔습니다. 룻은 나오미에게 일곱 아들보다 귀한 며느리라는 말을 들을 정도로 시어머니를 잘 섬겼습니다.

이것은 오늘날 교회가 이스라엘을 어떻게 섬겨야 하는지 잘 보여줍니다. 교회를 상징하는 룻은 이스라엘을 상징하는 시어머니 나오미를 통해 하나님을 알게 되고 구원을 받았습니다.

지금의 교회는 이스라엘이 없이는 존재할 수 없었습니다. 이스라엘의 도움이 없이는 그리스도를 통한 구원의 길이 있음도 모르고 멸망할 수밖에 없었을 것입니다. 이스라엘을 축복하고 전도하고 도와주어야 하는 근거가 여기에 있습니다.

다시 본문으로 돌아가서 지금의 교회가 이스라엘을 구원하는 것을 어떻게 상징으로 보여주는지 살펴보겠습니다.

이방 사람이며 과부인 룻이 남편의 친 형제도 아닌 보아스를 통하여 아들을 낳았습니다. 그리하여 나오미 집안의 **족보를 이었는데** 이것은 룻에게 영광이며 기쁨입니다. 그러나 이보다 더 큰 **영광과 기쁨**을 만끽하는 사람이 있습니다. 그 사람은 바로 룻의 시어머니 **나오미**입니다. 그 이유는 본문 룻기 4장 17절에 있습니다.

> "그의 이웃 여인들이 그에게 이름을 지어 주되 나오미에게 아들이 태어났다 하여 그의 이름을 오벳이라 하였는데 그는 다윗의 아버지인 이새의 아버지였더라" (룻 4:17).

아들을 낳은 사람은 며느리 룻이었지만 그 아들은 나오미의 아들이 된 것입니다. 나오미에게 아들이 태어났다는 짧은 한 마디에 하나님의 놀라운 계시가 들어 있습니다. 여기에는 룻으로 상징되는 교회를 통하여 나오미로 상징되는 이스라엘이 구원받게 되는 비밀이 숨겨져 있습니다.

고대에 이스라엘에서 여자에게 아들이 없는 것은 삶이 구원을 받지 못한 것으로 여겨졌습니다. 따라서 아들을 낳는 것은 구원받은 것을 상징합니다. 나오미는 늙은 나이에 아들을 갖게 되었는데 그 아들은 다윗의 할아버지이며 예수님의 조상입니다. 이러한 큰 구원이 나오미에게 일어난 것입니다. 이러한 일은 며느리 룻이 아니면 일어날 수 없는 것입니다.

교회로 상징되는 룻이 아니면 이스라엘로 상징되는 나오미의 구원이 불가능합니다. 마지막 때에 교회를 통하여 이스라엘 사람들이 주께로 돌아오게 될 것이 룻기의 말씀에 예언되어 있는 것입니다.

다음은 보아스가 예수 그리스도를 상징하고 룻이 교회를 상징하는 것을 룻기의 다른 구절들을 통해 살펴보겠습니다. 룻기 4장 9절과 10절을 보겠습니다.

"보아스가 장로들과 모든 백성에게 이르되 내가 엘리멜렉과 기룐과 말론에게 있던 모든 것을 나오미의 손에서 산 일에 너희가 오늘 증인이 되었고" "또 말론의 아내 모압 여인 룻을 사서 나의 아내로 맞이하고 그 죽은 자의 기업을 그의 이름으로 세워 그의 이름이 그의 형제 중과 그 곳 성문에서 끊어지지 아니하게 함에 너희가 오늘 증인이 되었느니라 하니" (룻 4:9-10).

예수 그리스도를 상징하는 보아스는 룻과 평범한 결혼을 한 것이 아닙니다. 보아스는 룻을 기업 무를 자의 자격으로 산 것입니다. 보아스가 교회를 상징하는 룻을 사서 결혼한 것은 구원주인 그리스도가 교회를 핏 값으로 사서 구원한 것을 예표로 보여주는 것입니다.

이와 관련하여 또 다른 한 가지 주목할 만한 내용이 룻기에 있습니다. 그것은 유다와 다말에 관한 것입니다. 룻기 4장 12절을 보겠습니다.

"여호와께서 이 젊은 여자로 말미암아 네게 상속자를 주사 네 집이 다말이 유다에게 낳아준 베레스의 집과 같게 하시기를 원하노라 하니라" (룻 4:12).

이것은 동네 사람들이 보아스를 축복하는 말입니다. 그런데 동네 사람들이 많은 조상들 중에 하필이면 유다와 다말이 낳은 베레스를 예로 들어 축복을 하였을까요? 일반적으로 유다와 다말은 그리 거룩하지 않은 관계를 통해 아들을 낳았다고 간주됩니다.

잠시 유다와 다말이 베레스를 갖게 된 상황을 설명하겠습니다. 다말은 유다의 며느리로서 자식이 없이 남편이 죽었습니다. 그래서 유다는 어린 아들이 장성하면 대를 이어주겠다고 며느리 다말에게 약속하였지만 그 약속을 지키지 않았습니다.

그러자 다말은 유다가 지나는 길에 창기처럼 변장을 하고 유다는 그 창기가 며느리인 줄도 모르고 돈으로 사서 관계를 하였습니다. 그리하여 다말은 시아버지와의 사이에서 베레스라는 아들을 낳았습니다.

이 이야기에는 도덕적으로 보면 두 가지의 흠이 있습니다. 대를 잇기 위해 다말이 시아버지와 관계를 한 것과 유다가 창녀를 산 것입니다. 그러나 이러한 부도덕적으로 보이는 행위 가운데도 하나님의 섭리가 있습니다.

여기서 여인 다말은 교회의 상징이며 유다는 예수의 상징입니다. 유다와 다말이 일반적인 결혼을 통하지 않고 유다가 창기로 변장한 다말을 산 것은 그리스도께서 교회를 그의 피로 산 것을 예표하기 위한 것입니다.

사람들이 보아스와 그 아들을 축복할 때 다말과 유다를 통해 낳은 베레스와 같게 되기를 축복하는 이유가 여기에 있습니다. 주님의 핏 값으로 신부 된 교회를 산 것과 공통점이 있으므로 보아스와 룻의 이야기 가운데 유다와 다말을 소개한 것입니다.

그리하여 룻기의 맨 마지막 부분도 유다가 다말을 통해 낳은 베레스부터 그리스도의 계보를 시작하였습니다. 그리스도께서 십자가에 피 흘려 죽으신 대가로 교회가 세워질 것, 즉 그리스도의 핏 값으로 교회를 사실 것이 그리스도가 오시기 오래 전에 이미 숨겨진 계시로 말씀하였습니다.

그러므로 구약을 읽을 때에도 그 핵심은 예수 그리스도를 읽어내는 것입니다. 요한복음 5장 39절을 보겠습니다.

"너희가 성경에서 영생을 얻는 줄 생각하고 성경을 연구하거니와 이 성경이 곧 내게 대하여 증언하는 것이니라" (요 5:39).

여기서 예수님이 말씀한 성경은 구약 성경입니다. 구약 성경이 예수님 자신에 대해 증언하는 것이라고 예수님이 직접 언급하였습니다. 이처럼 신약도, 구약도 모두 그리스도에 관한 말씀이며 이스라엘에 관한 말씀입니다.

룻기를 통하여 이스라엘과 교회와의 관계를 깊이 있게 풀어보았습니다. 이스라엘로 인하여 교회가 세워졌습니다. 이스라엘은 교회로 인하여 주께 돌아올 것입니다. 교회는 그러한 역할을 성실히 해야 할 책임이 있습니다. 그러므로 교회인 여러분이 이스라엘을 위하여 축복하고 기도해야 합니다.

그러나 대체신학은 신약 시대의 이스라엘을 교회로 해석합니다. 그리하여 이스라엘로 인하여 이방인이 구원받게 된 것의 영적인 의미를 깨닫지 못합니다. 믿는 자들이 이스라엘을 전도하고 축복할 사명이 있다는 것도 가르치지 않습니다. 여기에 이스라엘을 교회로 해석하는 대체신학의 문제가 있습니다.

성경은 처음부터 끝까지 이스라엘에 관한 이야기입니다. 천국의 열 두 문에도 이스라엘 사람의 이름이 있으며 하늘에 계신 그리스도는 유대인의 정체성을 갖고 있습니다. 요한계시록 5장 5절을 보겠습니다.

"장로 중의 한 사람이 내게 말하되 울지 말라 유대 지파의 사자 다윗의 뿌리가 이겼으니 그 두루마리와 그 일곱 인을 떼시리라 하더라" (계 5:5).

마지막 때에 심판하는 그리스도의 신분이 유대 지파의 사자입니다. 다윗의 후손입니다. 예수 그리스도는 이스라엘 유대 지파의 정체성을 갖고 있습니다. 이스라엘의 왕이며 교회의 머리 된 그리스도는 재림 후에도 이스라엘에서, 예루살렘에서 세상을 통치할 것입니다.

여러분은 하나님의 원 감람나무인 이스라엘의 신세를 졌습니다. 예수 그리스도의 복음을 처음으로 전하기 시작한 예수님의 열 두 제자들은 이스라엘 사람들입니다. 그들은 복음을 전하다 죽었습니다. 그들의 복음을 전해들은 누군가는 다른 사람에게 복음을 전하였습니다. 그 복음을 들은 자도 복음을 전하였습니다.

그리하여 이천 년이 지난 지금 여러분도 복음을 듣고 예수를 믿게 되었습니다. 원 감람나무에 접붙임을 받은 것입니다. 그러니 이스라엘 사람들에게 은혜를 입었고 신세를 진 것입니다. 이스라엘을 축복하는 자는 복을 받고 저주하는 자는 벌을 받습니다.

여러분 모두 믿지 않는 백성 이스라엘을 긍휼히 여기고, 그들을 축복하고, 그들의 구원을 위하여 기도하며 전도하기를 그리스도 예수의 이름으로 축복합니다.

영혼을 살리는 설교 1
말씀과 기도와 전도 ────────────────────────────

초판 1쇄 2021년 02월 26일

지은이 다니엘 조
펴낸곳 쉐미니 아쯔렛
이메일 sukkot777@gmail.com
등 록 2018. 8. 20 제2018-000081

ISBN 979-11-964731-4-3 03230